Hallaig agus Dàin Eile

Hallaig and Other Poems

Hallaig agus Dàin Eile
Hallaig and Other Poems

Somhairle MacGill-Eain
Sorley MacLean

Taghadh de Dhàin
Selected Poems

SELECTED AND INTRODUCED BY
AONGHAS-PÀDRAIG CAIMBEUL
& AONGHAS MACNEACAIL

in association with Carcanet Press Ltd

First published in Great Britain in 2014 by
Polygon, an imprint of Birlinn Ltd,
in association with Carcanet Press Ltd.

Birlinn Ltd
West Newington House
10 Newington Road
Edinburgh
EH9 1QS

www.polygonbooks.co.uk

ISBN 978 1 84697 302 4

British Library Cataloguing-in-Publication Data
A catalogue record for this book is available on request from the British Library.

Typeset by Koinonia, Bury, Lancashire

Printed and bound by Grafica Veneta, Italy

Do shliochd Shomhairle:
'tha 'n nigheanan 's am mic 'nan coille'

For Ishbel, Catriona and Mary,
and Somhairle, Aonghas, Calum, Gilleasbuig,
Catherine and Donald,
and the future.

Contents

Sorley: conversing with colleagues *Angus Peter Campbell*   xvii
Sorley, discovered and remembered *Aonghas MacNeacail*   xxviii

The Heron   2
Conchobhar   6
A Highland Woman   6
Calvary   8
Kinloch Ainort   8
Glen Eyre   10
Cornford   14
The Clan MacLean   16
From The Tree of Strings   18
Aros Burn   22
The Old Song   22
The Woods of Raasay   26

Poems to Eimhir
II Reason and Love   40
III Never has such turmoil   42
IV Girl of the yellow, heavy-yellow, gold-yellow hair   42
VI In spite of the uproar of slaughter   44
VIII I thought that I believed from you   44
XI Often when I called Edinburgh   46
XII Four there are to whom I gave love   46
XIII To my eyes you were Deirdre   46
XV Three Paths   48
XVII Multitude of the skies   50
XVIII Prayer   50
XIX I gave you immortality   56
XXII I walked with my reason   58

Clàr-innsidh

Somhairle: conaltradh ris a' chruinne-cè xiii
   Aonghas-Pàdraig Caimbeul
Somhairle, air a choinneachadh 's a chuimhneachadh xxiii
   Aonghas MacNeacail

A' Chorra-ghritheach 3
Conchobhar 7
Ban-Ghàidheal 7
Calbharaigh 9
Ceann Loch Aoineart 9
Gleann Aoighre 11
Cornford 15
Clann Ghill-Eain 17
Bho Craobh nan Teud 19
Abhainn Àrois 23
An Seann Òran 23
Coilltean Ratharsair 27

Dàin do Eimhir
II A Chiall 's a Ghràidh 41
III Cha do chuir de bhuaireadh riamh 43
IV A nighean a' chùil bhuidhe, throm-bhuidh, òr-bhuidh 43
VI A dh'aindeoin ùpraid marbhaidh 45
VIII Bha dùil leam gun do chreid mi bhuatsa 45
XI Tric 's mi gabhail air Dùn Èideann 47
XII Ceathrar ann dan tug mi luaidh 47
XIII Dom shùilean-sa bu tu Deirdre 47
XV Trì Slighean 49
XVII Lìonmhorachd anns na speuran 51
XVIII Ùrnaigh 51
XIX Thug mise dhut biothbhuantachd 57
XXII Choisich mi cuide ri mo thuigse 59

XXIX Dogs and Wolves   60

XXX A Bolshevik who never gave heed   62

XXXII Let me lop off with sharp blade every grace   62

XXXV Come before me, gentle night   62

XLII Shores   64

XLIII But for you the Cuillin would be   66

XLVI We are together, dear   68

XLVII Remorse after the kisses   68

XLIX My boat was under sail and the Clarach   70

L Grief is only a nothing   70

LIV You were dawn on the Cuillin   72

LV I do not see the sense of my toil   72

LVII A face haunts me   74

LIX Carmichael, I often think   82

From The Cuillin (1989)   84

'She to whom I gave ...'   92

If I Go Up to Yonder Town   92

William Ross and I   94

The Prodigal Son   96

The Nightmare   96

Springtide   98

Going Westwards   98

Heroes   102

Death Valley   104

An Autumn Day   106

Paradise Lost: the Argument   108

Lights   110

Culloden 16.IV.1946   110

A Girl and Old Songs   114

Hallaig   118

Two MacDonalds   122

A Memory of Alexander Nicolson, One of My Uncles   124

A Ruined Church   126

Funeral in Clachan   126

Creagan Beaga   130

In the Big Park   130

The Broken Bottle   132

XXIX Coin is Madaidhean-allaidh 61

XXX 'S mi 'm Bhoilseabhach nach tug suim 63

XXXII Sgatham le faobhar-rinn gach àilleachd 63

XXXV Thig am chomhair, oidhche chiùin 63

XLII Tràighean 65

XLIII Mur b' e thusa bhiodh an Cuilithionn 67

XLVI Tha sinn còmhla, a ghaoil 69

XLVII Aithreachas an deaghaidh nam pòg 69

XLIX Bha 'm bàt' agam fo sheòl 's a' Chlàrach 71

L Chan eil anns a' bhròn ach neoni 71

LIV Bu tu camhanaich air a' Chuilithionn 73

LV Chan fhaic mi fàth mo shaothrach 73

LVII Tha aodann ga mo thathaich 75

LIX MhicGille-Mhìcheil, 's tric mi smaointinn 83

Bho An Cuilithionn (1989) 85

'An tè dhan tug mi …' 93

Ma Thèid Mi Suas don Bhail' Ud Shuas 93

Uilleam Ros is Mi Fhìn 95

Am Mac Stròidheil 97

An Trom-laighe 97

Reothairt 99

Dol an Iar 99

Curaidhean 103

Glac a' Bhàis 105

Latha Foghair 107

Pàrras Caillte: an Argamaid 109

Solais 111

Cùil Lodair 16.IV.1946 111

Nighean is Seann Òrain 115

Hallaig 119

Dà Dhòmhnallach 123

Cuimhne air Alasdair MacNeacail, Bràthair Mo Mhàthar 125

Làrach Eaglais 127

Tìodhlacadh sa Chlachan 127

Creagan Beaga 131

Anns a' Phàirce Mhòir 131

Am Botal Briste 133

Id, Ego and Super-Ego   132
Palach   134
The National Museum of Ireland   136
At Yeats's Grave   138
The Lost Mountain   140
Elegy for Calum I. MacLean   142
From The Cave of Gold   156
Poem (by John Cornford)   160
Screapadal   160
Spring 1937   170
Festubert 16/17.v.1915   172

Index of titles and first lines   180

Eadh is Fèin is Sàr-Fhèin   133
Palach   135
Àrd-Mhusaeum na h-Èireann   137
Aig Uaigh Yeats   139
A' Bheinn air Chall   141
Cumha Chaluim Iain MhicGill-Eain   143
Bho Uamha 'n Òir   157
Dàn (le John Cornford, air a chur an Gàidhlig)   161
Sgreapadal   161
An t-Earrach 1937   171
Festubert 16/17.v.1915   173

Clàr-innsidh nan tiotal is nan sreath-tòiseachaidh   176

Somhairle: conaltradh ris a' chruinne-cè

Aonghas-Pàdraig Caimbeul

Choinnich mi an toiseach ri Somhairle MacGill-Eain ann an 1974, nu-air a bha esan na Sgrìobhadair ann an Oilthigh Dhùn Èideann, far an robh mise nam oileanach, a' dèanamh Eachdraidh agus Poilitigs.

Bhithinn a' sgrìobhadh beagan bàrdachd an-dràsta 's a-rithist agus bha na dàin sin agam ann an *jotter* beag a thug mi a-steach thuige aon latha. Dh'fhosgail e am pasgan, leugh e tromhpa gu slaodach agus gu faiceallach, dhùin e an leabhar agus dhùin e a shùilean agus shuidh e air ais.

Bha dùil a'm gun robh e air tuiteam na chadal, oir b' e feasgar brèagha earraich a bh' ann agus a' ghrian a' dòrtadh a-steach tro na h-uinneagan mòra glainne, agus saoilidh mi gun do rinn mi gluasad airson falbh. Ach dh'fhosgail Somhairle a shùilean agus dh'fhaighnich e dhomh, "A-nise, am buin thu do Chaimbeulaich an Taobh Dheas?"

Thuig mi sa bhad gun robh e mach air bàird iomraiteach Taobh a Deas Loch Baghasdail, Seonaidh Caimbeul – Seonaidh mac Dhòmhnaill 'ic Iain Bhàin – agus a bhràthair Iain, agus thuirt mi nach buineadh, gu mì-fhortanach. "À! Ma-tà," thuirt Somhairle, "buinidh tu dha na Caimbeulaich eile a thàinig a dh'Uibhist às a' Bharra Bhreac ann an Earra-Ghàidheal."

Agus chan eil buileach cuimhn' a'm a-nise an ann an uair sin neo a-rithist a dh'innse e dhomh mun rannsachadh a rinn a bhràthair, an Dotair Alasdair MacIlleathain, a bha na lighiche againn ann an Uibhist, air mar a thàinig na Caimbeulaich againn o shliochd a' Bharra Bhric, a chaidh a thoirt a dh'Uibhist às dèidh Blàr Inbhir Lòchaidh.

Tha mi ag innse na h-eachdraidh seo dìreach air aon adhbhar: mar fhianais, neo mar dhearbhadh, gun robh MacGill-Eain fhèin cho mothachail 's a ghabhadh gu bheil pearsa agus caractar agus ealain an duine ag èirigh a-mach à suidheachadh sòisealta agus às an eachdraidh teaghlaich is eile a tha gar cuartachadh agus gar cruthachadh uile nar togail. Air a chur gu sìmplidh: bhon chiad latha air an do choinnich mi ris, bha mi mothachail nach robh ann am bàrdachd ach meas na craoibhe, toradh na beatha.

Dh'fhaodadh e bhith gun robh sin a-cheana soilleir do dhuine ciallach sam bith, ach cha mhòr nach robh e na thaisbeanadh dhòmhsa: tuigsinn nach b' e na faclan fhèin a bha prìseil, ach an cridhe agus an eanchainn a bh' air an cùlaibh. Thuig mi – agus chì mi seo cho soilleir ann am bàrdachd Shomhairle MhicGhill-Eain – gun robh na dàin a' mìneachadh agus a' riochdachadh agus a' cruthachadh an t-saoghail às ùr. Gur e bàrdachd (ann an seagh ealain) an dà chuid craobh nan ubhal agus an ubhal as àirde.

Cha ruig mi leas eachdraidh-beatha Shomhairle innse an seo, oir tha i clàraichte cheana, ach 's dòcha nach eil e ceàrr a ràdh, ged a bhuineas gach neach san t-saoghal do dh'àite agus do dh'àm agus do shuidheachadh, nach eil sin a' lasadh suas gus an coinnich a' chreathail ris a' chruinne-cè, às an tig dealanach a dh'atharraicheas gach nì. Nach eil ar beatha uile mu dheidhinn dèiligeadh ris a sin?

A thaobh MhicGill-Eain, dh'adhbhraich grunn rudan an dealanach: an dualchas agus an saoghal; creideamh agus foghlam; gaol agus bristeadh-cridhe; cogadh agus bàs. A bharrachd air tuigse agus faireachdainn (neo, nas fhèarr, co-fhaireachdainn) feumaidh neach sam bith gliocas agus soilleireachd airson dèiligeadh ri sin, agus saoilidh mi nuair a thèid na buadhan sin a thàthadh le dànadas gu bheil ealain a' tighinn beò. Gu aon ìre neo ìre eile thàinig gach nì sin beò ann am beatha MhicGill-Eain: mar a thuirt e rium uaireigin, "Feumaidh tu an dà chuid cridhe agus eanchainn."

Bha e air a dheagh uidheamachadh, eadar na searmoin mhòra a chuala e na òige is na h-òrain a bha na thogail, on àrainneachd a bha timcheall air ann an Ratharsair (Coilltean Ratharsair!) gu spirisean a' Chuilithinn. Thug foghlam dha àrd-oideachadh ann an deagh chuid de dh'ealain na h-Eòrpa, eadar Shakespeare agus Baudelaire, agus cha bu mhiste e gun robh an sàr-sgoilear Herbert Grierson aige na Ollamh nuair a bha e ag ionnsachadh.

Ach a bhàrr air a sin, saoilidh mise cuideachd gun robh an rud prìseil sin eile ann an gnè MhicGill-Eain: gun robh dànadas aige, air an toir cuid misneachd. An dànadas a thug creideamh gu leòr dha gum b' urrainn dòchas a bhith air a choileanadh ann am briathran, mura b' urrainn ann an da-rìribh; agus cò as urrainn a ràdh nach eil na dhà co-dhiù air an aon àirde? An dànadas a thug dha na briathran a dh'ùraich Hallaig, mar eisimpler, na bhaile buan.

Aig a' cheann thall fhreagair e fhèin na chuid ealain a' cheist theagmhach a thog e anns an dàn àlainn sin 'An Roghainn', nuair a thuirt e anns an rann mu dheireadh:

> Ach nan robh 'n roghainn rithist dhomh
> 's mi 'm sheasamh air an àird,
> leumainn à nèamh no iutharna
> le spiorad 's cridhe slàn.
> (*Dàn do Eimhir* XXII)

Chan eil teagamh sam bith nach robh àite agus àrainneachd cudromach do MhacGhill-Eain. Ratharsair fhèin, far an deach a thogail is àrach, 's a dhaoine 's a chreud 's a choilltean 's a bhailtean fàs is eile, leithid Hallaig, agus leis an t-sealladh àlainn sin thar na Clàraich a-null gu Cuilitheann an Eilein Sgitheanaich. Gu dearbha, anns a' chòmhradh mu dheireadh a bh' agam ri Somhairle ùine ghoirid mus do dh'eug e ann an 1996 (còmhradh a chlàr mi), thuirt e, "Chan eil mi smaointinn gun do thuig gu leòr cho fìor chudromach agus a bha e gun deach mo thogail eadar an Cuilitheann agus an Cuan Sgìth." Bha bòidhchead agus cumhachd na h-àrainneachd (agus na caochlaidhean a bha ceangailte ris a sin) bunaiteach dha, agus a' lasadh suas a chuid ealain.

Agus coimhearsnachd. Mar gach òganach eile aig an àm, b'fheudar do MhacGill-Eain Ratharsair fhàgail airson a dhol air adhart gu àrd-fhoghlam. Dhàsan cha robh ann ach cuairt ghoirid thairis air a' chaolas gu Port Rìgh, ach b' e sin cuideachd an doras, neo an uinneag, gu saoghal ùr. Oir ged a bha an t-astar goirid, bha an t-atharrachadh mòr gu leòr. Eadhon an uair sin bhiodh a' Bheurla air a bhith na bu chumanta ann am Port Rìgh na ann an Ratharsair, agus nuair a chaidh e air adhart an uair sin gu Oilthigh Dhùn Èideann bhiodh uinneagan ùra eile air fosgladh trom fac' e Verlaine is Yeats is Donne is Racine is eile.

Agus saoil nach b' e sin an 'fhìor choimhearsnachd'? Oir chan e bàrdachd, neo ealain sam bith, dìreach conaltradh rid eachdraidh neo rid fhreumhan, ach cuideachd conaltradh ris an t-saoghal mhòr a tha mud thimcheall agus ris a' cheò a tha romhad. Dh'fhaodamaid, saoilidh mi, argamaid a dhèanamh nach b' e 'bàrd Gàidhlig' a bh' ann an Somhairle idir, ach 'bàrd eadar-nàiseanta', a bha a' deasbad agus a' bruidhinn ris an Ruis a bharrachd air Ratharsair, ri sluagh Shropshire cho math ri na Sgitheanaich. 'S dòcha gun d' fhiach a ràdh cuideachd nach e rud a tha air a chaitheamh a gheibh sinn anns na h-eadar-theangachaidhean aig MacGill-Eain (an fheadhainn a rinn e fhèin, agus Iain Mac a' Ghobhainn agus Heaney agus eile) ach an rud fhèin, ann an da-rìribh: tha gach coinneamh eadar ealain agus leughadair prìomhail. Ciamar eile ach tro eadar-theangachaidhean a lasamaid suas nuair a choinnicheamaid ri leithid Dante, Goethe, Tolstoy, Mandelstam, Akhmatova, Kundera, Calvino, Laxness, Vesaas, agus MacGill-Eain fhèin?

Bha na tobraichean agus na fuarain dhùthchasach riatanach ann an seagh do-sheachanta do MhacGill-Eain, ach b' e am brag 's a' bhuille a thachair nuair a choinnich na buadhan sin ri fuaimean (is mar sin beachdan is saoghal) cèin a thug an ealain gu guth, thairis air drochaid chugallach a' ghaoil, le gaoir an aoibhneis is a' phian a' sruthadh fòidhpe.

Sorley: conversing with colleagues

Angus Peter Campbell

I first met Sorley MacLean in 1974, when he was Writer in Residence at the University of Edinburgh, where I was a student doing History and Politics. I had been writing poetry for a while, though I hadn't published, and one day I took my jotterful of verses up to Sorley for a look. He opened the booklet, read through them slowly and carefully, closed the book, shut his eyes and leaned back.

I thought he'd fallen asleep in the heat, for it was a gorgeous spring day with the sun streaming in through the huge glass windows, and I think I moved as if to leave. But he opened his eyes, leaned forward and said, 'Do you belong to the Campbells of South Lochboisdale?' I knew he was talking about the famous village bards of that township – Seonaidh Campbell and his brother Iain – so I replied that – unfortunately – I wasn't. 'Ah! Then,' said Sorley, 'you must belong to the other Campbells who came to Uist from Barbreck in Argyll!'

And I'm not sure if it was then or some time later that he told me about the research his brother, Dr Alasdair MacLean, who was our GP in South Uist, had done into how our particular Campbells had descended from Campbell of Barbreck, who was taken captive at the Battle of Inverlochy by Clanranald and then removed to South Uist.

I tell this little story for one reason: as personal evidence that Sorley MacLean was very conscious of the fact that an individual's character and art arise out of the cultural, social and historic circumstances in which they find themselves. In one way that's so obvious that it's hardly worth mentioning, but in terms of the existence and function of a particular art, I think it's critical.

To understand and fully appreciate MacLean's poetry it is essential first of all to know the context out of which that poetry came; in other words, to understand the historical, social, cultural, religious, political, linguistic and literary circumstances which framed the poetry. The history of Gaelic Scotland, into which MacLean was born in 1911, fascinated and angered MacLean. In many ways it was a 'heroic' as well as a tragic history, and MacLean himself, of course, was proud to be 'of the big men of Braes, / of the heroic Raasay MacLeods, / of the sharp-sword Mathesons of Lochalsh' ('Going Westwards') and simultaneously aware of the 'victimhood' that litters that Gaelic history – 'I go westwards in the Desert / with my shame on my shoulders, / that I was made a laughing-stock / since I was as my people were' ('Going Westwards').

That existential awareness of the collective magnitude of history as well as its individual vicissitudes – the dialogue, or conflict, between heroism and cowardice, between powerlessness (predestination?) and freedom, between public duty and individual liberty – lay at the heart of Gaelic history and became a vital strain which invigorated MacLean's own (chosen?) art of poetry. That dialogue, seen, for example, in the complex societal and personal relationships between the clan chief and the people, embodied all the virtues and vices which traditional Gaelic poetry concerned itself with – filiality, duty, allegiance, respect, heroism itself, bravery, leadership, daring, and increasingly as Anglicisation increased from the seventeenth century onwards, betrayal, cowardice, faint-heartedness, and alienation between leaders and people, which signified a broken tradition and a broken community increasingly articulating itself in a poetry which was insipid and retrospective rather than dynamic and creative. As MacLean himself puts it in his essay 'Old Songs and New Poetry', 'In the terrible late 18th century and the worse 19th century, the years from 1780 to 1870, when Anglicised land-capitalist Highland chiefs with Gaelic names all but destroyed their blood-kindred in order to fill their own pockets, Gaelic song poetry degenerated to a feeble wail and to a feebler pietism; what was healthy became parochial'.

But there was a strong and very different strain running through Gaelic history and poetry which saved MacLean from the shadows of fatalism, and that was the earlier popular song poetry which the young Sorley was surrounded by within his family as he grew up in Raasay. As he himself put it in his talk to the Gaelic Society of Inverness on 23 February 1934: 'This popular song poetry achieves the realism of joy as well as of tragedy. It is a realistic poetry because it is never far divorced from the life of the people and, being such an expression of the joys or sorrows of the ordinary man or woman, it constitutes a very important part of perhaps the most remarkable peasant culture the world has ever seen.' MacLean, in other words, admired the greatness of traditional Gaelic poetry, but loved the artistic passion of its people. The old order was to be admired, but the songs that the people (invariably the women) carried were of a better order.

It is little wonder then that MacLean was both historically and lyrically alert to the dangers of Fascism when it emerged out of the ruins of Europe after World War I. Though he declared, in Dàn do Eimhir XVIII ('Prayer'), that 'I preferred a woman to crescent History', the reality was that the existential conflict between love and duty, or the public and the private, caused great anguish to MacLean and helped forge the greatest political/love poetry to have emerged from Gaelic Scotland in modern times. His decision not to go and fight in the Spanish Civil War (because of family circumstances) symbolised a bigger choice: if one had to choose between politics and love, which would prevail? For MacLean, the human being and the artist, the greatest of these was love . . .

In a single poem from the Dàin do Eimhir sequence, MacLean articulated the dilemma for all of us, wonderfully fusing lyricism from the old song tradition with iconic Christian imagery to take us on a journey through the choice he made, finishing with a redemptive declaration that next time round he (and by inference ourselves) would be braver, bolder, better beings. It is of course interesting that the value of the new decision will be in its passion and commitment, rather than in its measured or calculated worth.

> I did not take a cross's death
> in the hard extremity of Spain
> and how then should I expect
> the one new prize of fate?
>
> I followed only a way
> that was small, mean, low, dry, lukewarm,
> and how then should I meet
> the thunderbolt of love?
>
> But if I had the choice again
> and stood on that headland,
> I would leap from heaven or hell
> with a whole spirit and heart. (*Dàn do Eimhir* XXII)

I think it's also important to mention one other factor which, as we all know, shaped Sorley MacLean's poetry, and that was his sense of community and place. The place, specifically, was Raasay, with its people, its religion, its woods and streams, its emptied villages, such as Hallaig, and its view across the Clàrach and the Minch to the great Cuillin of Skye. In fact, in my last conversation with Sorley, just a few weeks before his death in 1996, he said to me, 'I don't think people have made enough of the fact that I was nurtured and grew up between the Minch and the Cuillin.' The beauty and the grandeur of that physical environment meant a great deal to him and electrifies his poetry.

But I just wonder about community. Like every bright girl and boy of that time, MacLean had to leave the family home early to further his education. For him it was the short crossing to Portree, but, of course, that also became the door, or the window, to a new life. It is no accident that the window was nailed and boarded, nor that in that other great poem about Festubert with which we close this collection, the doors were opening and closing with views of life and death. Even at that time, when young Sorley went to Portree High School first in 1924, English would have been more prevalent in Portree than in Raasay, and when he then went on to Edinburgh University, other windows opened to reveal Verlaine and Yeats and Donne and Eliot and Racine and others. And I just wonder to what degree that then became his new 'community'; for poetry, like all art, is not merely an articulation of your past or an expression of your tradition and roots (with all their complexities), but also a dialogue with the present and the future. In fact, I think a strong argument could be made that MacLean should not be considered as a 'Gaelic poet' at all but as an 'international poet' whose aesthetic was and is recognised as much in Russia as it is in Raasay, in Shropshire as much as in Skye. It is also worth pointing out that Sorley's work in translation (both his own and Iain Crichton Smith's and others' such as Seamus Heaney) isn't a secondary experience, but a primary and essential one; how otherwise, except through translation, would most of us know the works of such as Dante, Goethe, Tolstoy, Mandelstam, Akhmatova, Kundera, Calvino, Laxness, Vesaas and others?

MacLean's debt to ancient Gaelic song and the physical woods of Raasay and the prayers of the Free Presbyterian people and the inestimable sermons of the Reverend Ewan MacQueen and the love poetry of Uilleam Ros was great, but his dialectical conversation with the world was what turned these primary influences into art. The bridge, of course, was love with all its pain and joys. The woods and streams of Raasay were never static. Neither was Hallaig, where the congregation of the girls keep up their endless walk, their laughter a mist in the ears and their beauty a film on the heart. The eye may freeze, but the word doesn't.

Somhairle, air a choinneachadh 's a chuimhneachadh

Aonghas MacNeacail

Gun deach mise, Gàidheal Sgiathanach, tron sgoil gun fhios gun robh lethid Shomhairle MhicGill-Eain ann, gun ghuth air gum b' e sàr-bhàrd beò ar latha (agus e a' teagasg dìreach thar a' chaoil bhon Eilean): cùis iongnaidh, is dòcha? Ach b' ann mar siud a bha foghlam Albannach. B' e fear-teagaisg Gàidhlig mìorbhaileach ann am foghlam inbheach, am Barrach Ruairidh MacNèill, le taic foto-lethbhreacadair colaiste, a thug an duine, is a shaothair, gum aire. Thug an t-eòlas sinn cothrom dhòmhsa, bàrd amh ag obair sa Bheurla a-mhàin, amas air mo chànan fhìn mar mheadhan cruthachail.

Bliadhnaichean air adhart, lean mi Somhairle mar Sgrìobhadair aig Sabhal Mòr Ostaig. Bha an cruinneachadh *Reothairt is Contraigh* air nochdadh, is mar sin b' urrainn dhomh tuairmse fhaighinn air farsaingeachd a shaothrach. Agus, ri tìde, choinnich sinn. Dhòmhsa, bha coinneachadh ri seòd mòr àraid. Bha e follaiseach gun robh ùidh aig Somhairle ann an coinneachadh ri bàrd òg, ach bha ceist eile air inntinn. "Saoil," ars esan, "a bheil sinn *càirdeach*?" (Bha dòigh aige air faclan cudromach a shìneadh a-mach.) Bha mise fhathast a' dol le ainm mo chlàir-breith, Angus Nicolson, le, taobh mo mhàthar, ceangal Stiùbhartach – dà chinneadh air leth cudromach na shinnsireachd fhèin. Rannsaich e a' cheist grunn thursan eile nuair a choinnich sinn. Ach cha robh sgeul air dàimh eadarainn, seach bàrdachd agus ar cànan thùsail.

Cha robh àite anns an fhoghlam sgoile a fhuair sinn do litreachas Gàidhlig an dèidh toiseach na 19mh linn (chùm *Bàrdachd Ghàidhlig* MhicBhàtair gu ìre mhòr ri sàr-bhàird na 18mh linn: Mac Mhaighstir Alasdair, Donnchadh Bàn, Uilleam Ros – seòd do MhacGill-Eain – is an còrr). Bha iomradh againne air Màiri Mhòr nan Òran, bàrd brosnachaidh na strì an aghaidh fuadaichean na 19mh linn. Fhuair Somhairle, na Shòisealach daingeann bho mheadhan a dheugan, eòlas oirre tro uncail Neacalach, agus bha e spèiseil aiste fad a bheatha.

Ged nach bu sheinneadair e, bha ùidh mhòr aig Somhairle ann an seann òrain Ghàidhlig. Thogadh e ann an teaghlach a bha saidhbhreach ann an òrain is aithris: ghiùlain ginealach a phàrantan, a sheana-phàrantan agus athar fhèin stòir fharsaing a chnuasaich e gu sona, gan toirt gu bàrr is gan aithris uair sam bith a bha freagar-rach. Bha a sheanmhair a' fuireach còmhla ris an teaghlach gus an do chaochail i, nuair a bha Somhairle dusan bliadhna dh'aois, is ghiùlain ise stòras òrain Loch Aillse 's Chinn t-Sàile, às an deach a cuideachd fhuadach san 18mh linn. Dh'aidich e, le toil, gun robh buaidh aice air a thighinn gu ìre mar bhàrd: 'I think that the first great "artistic" impact on me was my father's mother singing some of the very greatest of Gaelic songs, and all in her own traditional versions.' Chan àichear gu bheil, a dh'aindeoin cho ùr spracail 's a bha a bhàrdachd – ann an ceòl is samhlaidheachd – seann ghuthan seirmeach an dualchais a' nochdadh gu soilleir.

Bha buaidh eile drùidhteach air, mar a dh'aidich am fear-àicheidh seo bho aois a dusan le deòin, anns an eaglais aig an robh smachd air beatha chràbhaidh Ratharsair, mun abradh e na sheann aois, 'I was born into a small sect, the Free Presbyterian Church of Scotland, that consigns all the rest of humanity, and the great majority of its own adherents, to eternal hellfire and damnation.' Dh'aidich e cuideachd gun robh buaidh aig na searmonaichean a chual' e na òige air a bhàrdachd: '... The long preachings and prayers in Gaelic at the Free Presbyterian Church and the Free Church, combined with our family's richness in oral tradition on more than one side, had a very considerable effect on me.' Bha cumhachd deas-bhriathrachd agus reusanachaidh aon mhinisteir àraid, an t-Urramach Eòghainn MacCuinn, a' cosnadh sàr-ùidh a' bhàird. Bheireadh e cliù, agus suim, gun a bhith air iompachadh. Tha eas-creideamh Shomhairle, dealachadh daingeann nas motha na ana-creideamh, fhathast, ge-tà, na shruth follaiseach tro a bhàrdachd, is na chomhartachd dhan fheadhainn a tha air làmh na teagamhachd leis.

Ach ged a b' urrainn dha sgrìobhadh (gu a charaid Douglas Young), 'I disliked many of the obvious "elect" not because of their good fortune, but because most of them were unlovable people ...', dh'fhuirich e caomh ris an fheadhainn, dùrachdach nan creideamh, nach do nochd an neo-chràbhachd ann an dòigh Pharasach. Rinn e, agus chùm, dlùth-chàirdeas le clèirich bho chaochladh eaglaisean a mhair fad a bheatha.

Tha mise air a bhith eòlach air nàdar caomh an duine Somhairle aig grunn ìrean. Tha aon eisimpleir air leth brìgheil: uair sam bith a choinnicheadh sinn air sràidean Phort Rìgh, prìomh bhaile an Eilein, dh'iarradh e slàinte mo mhàthar, ann an dòigh a dh'fhàg mi an dùil gun robh iad eòlach air a chèile. Gu dearbha, nuair a fhuair mi fhìn is mo bhean cuireadh gu diathad aig dachaigh a chluaineis ann am Peighinn a' Chorrain (aon uair bu dachaigh i dha shinn-seanmhair, agus do dh'fhear-dàimh eile a bha brìgheil dha, Aonghas Stiùbhart, a' chiad fhianais do Choimisean Napier), dh'fheòraich mi am faodadh mo mhàthair a thighinn còmhla rinn. Leis an dearbhadh gun robh i làn di-beathte, gheibhinn a-mach nach robh iad air coinneachadh roimhe.

Leis gun robh iad bhon aon ghinealach, agus le togail eileanach le chèile, bha gu leòr de chuimhneachain ann air am b' urrainn dhaibh bruidhinn. Mar a thachras ann an còmhlan beag, faodaidh an còmhradh sgàineadh. Agus thachair sin: rinn mi fhìn, Renee agus Gerda aon shnaidhm conaltraidh (air teaghlach, obair is a lethid), fhad 's a bha Somhairle 's mo mhàthair air bhog gu dealasach, dòigheil ann an sgeulachdan ionadail, eachdraidh agus cuimhneachain air na seann làithean. Air dha a thighinn gu aire gun robh iad air dealachadh bhon chòmhradh eile, thionndaidh Somhairle, a' sireadh mathanais, ach mar leth-chluaintear ri mo mhàthair: "Of course, when you get to our age ...", ris an do fhreagair Renee sa bhad, "Rubbish, Sorley! You were like that when I met you!"

Cha robh gamhlas sam bith na freagairt. Agus, ged a bha an gaol dha chèile follaiseach is daingeann, bha i làn sgeul mu a chuid neònachasan. Mar an uair, cùram air nach rachadh e thairis air an ùine a bh'aige a' gabhail òraid, a dh'iarr e oirre tarraing air a cluais nuair a bha an t-àm ann dha stad. Rinn i sin, a' dìochuimhneachadh mar a b' urrainn do Shomhairle amas air siùbhlachd thogarrach le sùilean dùinte. "I'd nearly pulled my ear off before he opened them," chuimhnich i, le gàire. Bha cuimhn' aice cuideachd air an trioblaid a bh' aige le fòn ann an seòmar taigh-òsta, gus an do leig i fhaicinn dha gur e tiormachair-fuilt a bh' ann!

B' e iomain – 'hogaidh do laoich' mas Gall thu – adhbhar cridhealachd eile do Shomhairle. Tha iomraidhean ann mu esan a dhol air seachran bho choinneamhan, ach a bhith ri lorg aig oir raoin far an robh gèam iomain chloinn-sgoile a' dol, agus e a' tabhainn bheachdan aighearach mar gum b' e gèam deireannach cupa nàiseanta a bh' ann.

Tha cuimhn' aig a mhac-cèile David Ross air Somhairle, air leabaidh a bhàis, nuair a dh'fhaighnich lighiche dha mu chadal, ag aideachadh 'there was something keeping him awake – not his own impending mortality, but the fact Skye Camanachd had promoted a grandson to the first team at not much more than 16. As honorary vice-president of the club, he thought this far too early for senior shinty'.

Ceadaicheamaid an annasachdan do shàr-dhaoine. Tha e gan dlùthadh ris a' chòrr againn. Ged a bha Somhairle na bhun-bhrìgh cèille an taca ri Yeats, dhan tug e urram mòr, ach a chuir seachad sgrìob mhath dhe bheatha drùidhte ann an sgrùdadh dhìomhai-reachdan.

Ach tha aon naidheachd eile, bho lathaichean sgoile, a tha a' comharrachadh, na mo bheachd, iomraiteachd an duine a dh'fhàsadh gu leithid de bhàrdachd a sgrìobhadh. Chunnaic Màiri Mhoireasdan, a bha san aon chlas ris, an sgoilear òg na chnap mulaid anns an raon-chluiche. Air dhi faighneachd dè bha ceàrr, fhreagair a co-dheugaire, "Chan urrainn dhomh faighinn thairis air na chailleadh de Leathanaich ann am Blàr Inbhir Chèitein!" A rèir aithris a' chinnidh, chailleadh thairis air 750 Leathanach sa chòmhraig bhuaidheil Chrombaileach ud ann an 1651, gun ach dà fhichead a' tilleadh a Mhuile. Chaill am bàrd ainmeil Leathanach, Eachann Bacach, ceithir bràithrean deug. Seo Somhairle drùidhte anns an eachdraidh is anns a' bheul-aithris a phòsadh le cùram dhan t-saoghal, ionadail is cruinneil, is a neartaich bàrdachd a bheireadh ath-nuadhachadh do litreachas ar n-ama.

Nochd Somhairle MacGill-Eain air an fhaich litreachais aig àm a bha sònraichte co-dhiù, agus ann an teaghlach air leth, leis na bha siud de sheanchaidhean. Tha an deòin fhaireachail agus sgeòileach na bhàrdachd gu follaiseach a' tarraing air an dualchas seo. Bha cuimhneachain na b' ùire ann cuideachd a chuir ri tuar a phoilitigs: an sgrios a rinn uachdarain shanntach a' sgiùrsadh an tuathan ri linn nam Fuadach. Dh'ainmich e e fhèin mar Shòisealach is e gann na dheugaire, agus nuair a bha cuid eile air an tàladh le Faiseachd, chunnaic esan a chunnartan bho thùs.

Còmhla ri poilitigs, agus na seann òrain mhìorbhaileach ud, thug fhoghlam – an dà chuid san àrd-sgoil, far an tàinig e tarsainn, a rèir Alasdair MhicRath, air 'English poetry from Chaucer to Arnold', agus na Frangaich Villon is Verlaine còmhla ri Racine is Corneille, agus anns an oilthigh, far an tàinig e tarsainn air Eliot, Pound, Donne agus

Yeats còmhla ri 'his humano-aesthetic idols of Blake and Shelley' – buaidhean làidir air cruth a bhàrdachd.

Agus bha MacDhiarmaid ann, le a bhàrdachd thràth a chunnaic Somhairle mar 'the unattainable summit of the lyric' no, mar a thubhairt e, 'the summit of all poetry', a theab a dhòchasan fhèin mar bhàrd a bhàthadh. Gu fortanach, fhuair e thairis air leithid de shlabhraidhean, is am bàrd bu shine a' tighinn gu bhith na bhrosnachadh dha, agus na charaid beatha, agus chaidh Somhairle air adhart gu bhith mar aon de shàr-bhàird na 20mh linn.

Bheireadh e fhèin, na latha, brosnachadh do ghinealachan ùra de bhàird Ghàidhlig, an sgrìobhadair seo fhèin nam measg, dhan do nochd e comasan cruthachail an cànain fhèin. Feumar aideachadh, le cinnt, gur ann an urra ris an duine a ghairm, ann an eu-dòchas àm cogaidh, na faclan

Chan fhaic mi fàth mo shaothrach
bhith cur smaointean an cainnt bhàsmhoir ...

a tha maireannachd air leth beothail ar coimhearsnachd bhàrd an-diugh.

B' ann air sgàth na h-èiginn leis an deach e an sàs anns an dearbh shaothair a tha a' Ghàidhlig, a dh'aindeoin a bhith fhathast breòite san fharsaingeachd, a-nise soirbheachail, an dà chuid ann an litreachas agus, far an robh e buileach deatamach do Shomhairle, ann am foghlam, gu ìre nach b'urrainn dha, aig an àm, a chur an cèill.

Sorley, discovered and remembered

Aonghas MacNeacail

That I, a native Gaelic Skyeman, was schooled without knowing Sorley MacLean existed, never mind that he was our greatest living poet (and teaching, just across the water from Skye) may seem astonishing. Such was Scottish education at the time. Then, an inspirational adult education Gaelic teacher, Barra man Roderick MacNeil, accessing a college photocopier, alerted me to the man, and his work. That knowledge enabled me, a raw poet writing only in English, to begin exploring my own language as a creative medium.

Years later, I'd follow Sorley as Writer in Residence at Sabhal Mòr Ostaig, the Gaelic College, on Skye. By now, his collection *Reothairt is Contraigh* (*Spring tide and Neap tide*) had appeared, so I could appreciate the range of his work. And, in due course, we met. For me, meeting a great hero was special. Sorley was clearly interested in encountering a younger poet, but a more pressing matter concerned him. 'Do you think,' he asked, 'we are *related*?' (He had a way of speaking key words in drawn out italics.) I then still used my birth certificate name, Angus Nicolson, and was, on my mother's side, of Stewart descent: two surnames of immense importance in his own genealogy. He would explore the possibility on several further encounters. But there was no traceable link: only poetry and our shared language connected us. The formal education we'd received effectively shut Gaelic literature down in the early 19th century (Watson's *Bàrdachd Ghàidhlig* focused largely on the 18th-century greats: Duncan Ban MacIntyre, Alexander MacDonald, William Ross – a MacLean hero – and others). My generation knew of Mary MacPherson – Màiri Mhòr nan Òran (Great Mary of the Songs) – laureate of the nineteenth century land law reform agitation. Sorley, a committed Socialist from a young age, was introduced to her work by a Nicolson uncle and remained a great admirer till the end.

Himself no singer, Sorley was passionate about traditional Gaelic song. He'd grown up in a family rich in song and lore: uncles, aunts, grandparents and his own father, carried extensive repertoires he happily absorbed, evoked and quoted in any congenial environment. His grandmother lived with the family till her death, when Sorley was twelve, and she brought a treasury of old songs of Lochalsh and Kintail, from which her people had been removed to Skye in the eighteenth century. He freely acknowledged her influence on his literary development in his essay 'My Relationship with the Muse' – 'I think that the first great "artistic" impact on me was my father's mother singing some of the very greatest of Gaelic songs, and all in her own traditional versions.' It cannot be denied that, for all his electric modernity, the poetry, in both music and imagery, retains deep and resonant echoes of that tradition.

Another influence pervading his work, this non-believer since the age of twelve readily acknowledged, was the church-dominating religious life on Raasay, of which he would latterly observe: 'I was born into a small sect, the Free Presbyterian Church of Scotland, that consigns all the rest of humanity, and the great majority of its own adherents, to eternal hellfire and damnation.' He also admitted that the preachers of his younger days influenced his poetry: '... The long preachings and prayers in Gaelic at the Free Presbyterian Church and the Free Church, combined with our family's richness in oral tradition on more than one side, had a very considerable effect on me.' The rhetorical power and eloquence of one particular minister, the Reverend Ewen MacQueen, was especially esteemed by the poet. He could admire, and respect, without being persuaded. Sorley's unbelief – more hardened alienation than active atheism – is nevertheless a distinctive thread through his poetry, its presence comforting to those who share his scepticism.

But while he could write (to his friend Douglas Young), 'I disliked many of the obvious "elect" not because of their good fortune, but because most of them were unlovable people ...', he remained gracious to those sincere believers who didn't present their pietism in a pharisaic manner. And, he made, and sustained, good friendships with clergymen of various persuasions till the end.

I've known the gracious nature of Sorley's personality at various levels. One particular example is very illuminating: whenever I'd meet him on the streets of Portree, capital of Skye, he'd ask after my mother, whom I assumed he'd previously met. In fact, when invited with my wife Gerda to lunch at his retirement home in Peinachorrain (once his great-grandmother's house and, significantly, that of another kinsman, Angus Stewart, first witness to the Napier Commission), I asked whether my mother could be included in the invitation. Assured that she'd be most welcome, I would then learn that they'd never actually met. Being of the same generation, and of similar island background, they had much shared experience to recall. As may inevitably happen, even in a small group, the conversation fragmented. And so it transpired: Renee, Gerda and I forming one knot of conversation (on family, work or whatever), while Sorley and my mother engaged with clear relish in recollections of local lore, history and memories of earlier times. Aware that they'd separated from the general discussion, Sorley then turned, apologetically, but with a conspiratorial aside to my mother: 'Of course, when you get to our age ...', which Renee instantly countered with 'Rubbish, Sorley! You were like that when I met you!'

There was no malice whatsoever in her retort. And, while their love was manifest and deep, she was also a fund of stories of his eccentricities. Like the time, anxious about over-running when giving a lecture, he asked that she signal when his deadline had arrived by tugging the lobe of an ear. Renee obliged, forgetting Sorley's capacity for combining passionate eloquence with tightly shut eyes. 'I'd nearly pulled my ear off before he opened them,' she recalled, with a laugh. She also remembered his perplexity at a hotel room phone that wouldn't work, until she pointed out that it was a hairdryer!

The game of shinty, which could be called 'hockey for warriors', was another of his great passions. There are stories of his absence from expected appointments, only for him to be found on the touchline of a schoolboy shinty match, commenting as enthusiastically as if attending a national cup final. His son-in-law, David Ross, records Sorley on his death-bed being asked by his hospital consultant whether he was managing to sleep at night, and admitting 'there was something keeping him awake – not his own impending mortality, but the fact Skye Camanachd had promoted a grandson to the first team at not much more than sixteen. As honorary vice-president of the club, he thought this far too early for senior shinty'.

Great men are allowed their eccentricities. It humanises them. Although, compared with Yeats, whom he greatly admired, and who seemed to spend much of his life knee-deep in the occult, Sorley was the essence of sanity.

But one final anecdote, from his schooldays, delineates, I believe, the character who would go on to produce such astonishing poetry. A classmate, Mary Morrison, spotted him one day, slumped, utterly dejected, in the playground. Asked what was wrong, the teenaged Sorley replied, 'I just can't help thinking about all those MacLeans lost at the battle of Inverkeithing!' In that key Cromwellian conflict, in 1651, according to clan tradition, over 750 MacLeans were killed, only forty returning to Mull. The great MacLean poet, Eachann Bacach, lost fourteen brothers. Here we have immersion in history and lore that would marry with concern for the world, immediate and global, energising a poetry that transformed the literature of our time.

Sorley MacLean appeared on the literary scene at a pretty amazing time, and to a remarkable family, with so many tradition-bearers. The emotional and narrative drive in his poetry clearly draws on this tradition. There were also fresh memories, which coloured his politics. Of the damaging effect of greedy landlords expelling their tenantries during the Highland Clearances, he declared himself Socialist while barely into his teens, and when others were bemused, even beguiled, by Fascism, he clearly saw its dangers from the start.

As well as politics and those marvellous old songs, his education, both at secondary school, where he encountered, according to Alasdair MacRae, 'English poetry from Chaucer to Arnold', and the French poets Villon and Verlaine, as well as Racine and Corneille, and at University, where Eliot, Pound, Donne and Yeats joined his 'humano-aesthetic idols of Blake and Shelley', provided strong influences to shape his poetry. And there was MacDiarmid, whose early poems he characterised as the 'unattainable summit of the lyric', which, he said, 'is the summit of all poetry', and which almost overwhelmed his own poetic aspirations. Fortunately, such inhibitions were overcome, the older poet becoming not only an inspiration but a lifelong friend, and Sorley went on to be one of the greatest poets of the twentieth century.

He would, in turn, inspire future Gaelic poets, the present writer included, for whom he revealed the creative potential in their own language. That Gaeldom has a lively and continuing community of poets can confidently be attributed to the man who, in wartime despair, declared

> Chan fhaic mi fàth mo shaothrach
> bhith cur smaointean an cainnt bhàsmhoir...

> I do not see the sense of my toil
> putting thoughts in a dying tongue... (*Dàn do Eimhir* LV)

That Gaelic, still vulnerable in global terms, now thrives both in literature and, where it mattered hugely to Sorley, in education, owes a lot to his compulsion to engage in that very toil, more productively than he could, at the time, have possibly imagined.

Taghadh de Dhàin / Selected Poems

The Heron

A pale yellow moon on the skyline,
    the heart of the soil without a throb of laughter,
    a chilliness contemptuous
    of golden windows in a snaky sea.

It is not the frail beauty of the moon
    nor the cold loveliness of the sea
    nor the empty tale of the shore's uproar
    that seeps through my spirit tonight.

      Faintness in fight,
      death pallor in effect,
      cowardice in the heart
      and belief in nothing.

A demure heron came
    and stood on top of sea-wrack.
    She folded her wings close in to her sides
    and took stock of all around her.

Alone beside the sea
    like a mind alone in the universe,
    her reason like man's –
    the sum of it how to get a meal.

A mind restless seeking,
    a more restless flesh returned,
    unrest and sleep without a gleam;
    music, delirium and an hour of rapture.

The hour of rapture is the clear hour
    that comes from the darkened blind brain,
    horizon-breaking to the sight,
    a smile of fair weather in the illusion.

A' Chorra-ghritheach

Gealach fhann bhuidhe air fàire,
    cridhe 'n fhuinn gun phlosgadh gàire,
    aognaidheachd a' deanamh tàire
    air uinneagan òir an cuan snàgach.

Cha ghrinneas anfhann na gealaich
    no maise fhuaraidh na mara
    no baoth-sgeulachd onfhadh a' chladaich
    tha nochd a' drùdhadh air m' aigne.

    Anfhannachd an strì,
    aognaidheachd am brìgh,
    gealtachd anns a' chrìdh,
    gun chreideamh an aon nì.

Thàinig corra-ghritheach ghiùigeach,
    sheas i air uachdar tiùrra,
    phaisg i a sgiathan dlùth rith',
    a' beachdachadh air gach taobh dhith.

'Na h-aonar ri taobh na tuinne
    mar thuigse leatha fhèin sa chruinne,
    a ciall-se mar chèill an duine,
    cothachadh lòin meud a suime.

Inntinn luasganach a' sireadh,
    feòil as luainiche air tilleadh,
    luasgan is cadal gun drithleann,
    ceòl is bruaillean is tràth mire.

Tràth na mire an tràth shoilleir
    thig à eanchainn chiar na doille,
    bristeadh fàire air an t-sealladh,
    faite dìoclaidh anns a' mhealladh.

On the bare stones of the shore,
      gazing at the slipperiness of a calm sea,
      listening to the sea's swallowing
      and brine rubbing on the stones.

Alone in the vastness of the universe,
      though her inaccessible kin are many,
      and bursting on her from the gloom
      the onset of the bright blue god.

I am with you, alone,
      gazing at the coldness of the level kyle,
      listening to the surge on a stony shore
      breaking on the bare flagstones of the world.

What is my thought above the heron's?
      The loveliness of the moon and the restless sea,
      food and sleep and dream,
      brain and flesh and temptation.

Her dream of rapture with one thrust
      coming in its season without stint,
      without sorrow but with one delight,
      the straight, unbending law of herons.

My dream exercised with sorrow,
      broken, awry, with the glitter of temptation,
      wounded, morose, with but one sparkle,
      brain, heart and love troubled.

'S i air clachan loma tràghad
	ag amharc sleamhnachd cuain neo-bhàrcaich,
	ag èisteachd ris an t-slugadh-mhara
	is sàl a' suathadh air na clachan.

Leatha fhèin am meud na cruinne
	ge mòr a cleamhnas do-ruighinn,
	's a' bristeadh oirre às an doilleir
	sitheadh an dè ghuirm shoilleir.

Mise mar riut 's mi 'nam ònar
	ag amharc fuachd na linne còmhnaird,
	a' cluinntinn onfhaidh air faoilinn
	bristeadh air leacan loma 'n t-saoghail.

Ciod mo smuain-sa thar a smuain-se:
	àilleachd gealaich is cuain luainich,
	biadh is cadal agus bruadar,
	eanchainn, feòil agus buaireadh?

A h-aisling mhire le aon shitheadh
	tighinn 'na h-aimsir gun chrìonnachd,
	gun bhròn, gun teagamh, ach aon mhireadh,
	lagh dìreach neo-cham corra-grithich.

M' aisling-sa air iomairt truaighe,
	briste, cam, le lainnir buairidh,
	ciùrrte, aon-drithleannach, neo-shuairce,
	eanchainn, cridhe 's gaol neo-shuaimhneach.

Conchobhar

I will not leave them in the same grave
for the whole long night,
her fair breasts
to his great fair chest
throughout the night's eternity,
his mouth to her mouth, to her cheek,
for all the wet earth of the tomb:
the night would be longer than in Glen Da Ruadh,
sleep in Glen Etive was unrest;
this night will be long, the sleep tranquil,
the blind will need no eyes.

A Highland Woman

Hast Thou seen her, great Jew,
who art called the One Son of God?
Hast Thou seen on Thy way the like of her
labouring in the distant vineyard?

The load of fruits on her back,
a bitter sweat on brow and cheek,
and the clay basin heavy on the back
of her bent poor wretched head.

Thou hast not seen her, Son of the carpenter,
who art called the King of Glory,
among the rugged western shores
in the sweat of her food's creel.

This spring and last spring
and every twenty springs from the beginning,
she has carried the cold seaweed
for her children's food and the castle's reward.

And every twenty autumns gone
she has lost the golden summer of her bloom,
and the Black Labour has ploughed the furrow
across the white smoothness of her forehead.

Conchobhar

Chan fhàg mi san aon uaigh iad
fad fìn-shuaineach na h-oidhche,
a broilleach cìoch-gheal
ri uchd-san mòr geal
tre shìorraidheachd na h-oidhche,
a bheul-san ra beul, ra gruaidh
air cho fliuch 's bhios ùir an tuaim:
b' fhaide 'n oidhche na 'n Gleann Dà Ruadh,
bu luasgan cadal Gleann Èite;
bidh 'n oidhche fada, 'n cadal fòil,
gun dìth shùilean air na doill.

Ban-Ghàidheal

Am faca Tu i, Iùdhaich mhòir,
rin abrar Aon Mhac Dhè?
Am fac' thu 'coltas air Do thriall
ri strì an fhìon-lios chèin?

An cuallach mheasan air a druim,
fallas searbh air mala is gruaidh;
's a' mhias chreadha trom air cùl
a cinn chrùbte bhochd thruaigh.

Chan fhaca Tu i, Mhic an t-saoir,
rin abrar Rìgh na Glòir,
am measg nan cladach carrach siar,
fo fhallas cliabh a lòin.

An t-earrach seo agus seo chaidh
's gach fichead earrach bhon an tùs
tharraing ise 'n fheamainn fhuar
chum biadh a cloinne 's duais an tùir.

'S gach fichead foghar tha air triall
chaill i samhradh buidh nam blàth,
is threabh an dubh-chosnadh an clais
tarsainn mìnead ghil a clàir.

And Thy gentle church has spoken
about the lost state of her miserable soul,
and the unremitting toil has lowered
her body to a black peace in a grave.

And her time has gone like a black sludge
seeping through the thatch of a poor dwelling:
the hard Black Labour was her inheritance;
grey is her sleep tonight.

Calvary

My eye is not on Calvary
nor on Bethlehem the Blessed,
but on a foul-smelling backland in Glasgow,
where life rots as it grows;
and on a room in Edinburgh,
a room of poverty and pain,
where the diseased infant
writhes and wallows till death.

Kinloch Ainort

A company of mountains, an upthrust of mountains,
a great garth of growing mountains,
a concourse of summits, of knolls, of hills
coming on with a fearsome roaring.

A rising of glens, of gloomy corries,
a lying down in the antlered bellowing;
a stretching of green nooks, of brook mazes,
prattling in the age-old midwinter.

A cavalry of mountains, horse-riding summits,
a streaming headlong haste of foam,
a slipperiness of smooth flat rocks, small-bellied bare summits,
flat-rock snoring of high mountains.

Agus labhair T' eaglais chaomh
mu staid chaillte a h-anama thruaigh;
agus leag an cosnadh dian
a corp gu sàmhchair dhuibh an uaigh.

Is thriall a tìm mar shnighe dubh
a' drùdhadh tughaidh fàrdaich bochd;
mheal ise an dubh-chosnadh cruaidh;
is glas a cadal suain a-nochd.

Calbharaigh

Chan eil mo shùil air Calbharaigh
no air Betlehem an àigh
ach air cùil ghrod an Glaschu
far bheil an lobhadh fàis,
agus air seòmar an Dùn Èideann,
seòmar bochdainn 's cràidh,
far a bheil an naoidhean creuchdach
ri aonagraich gu bhàs.

Ceann Loch Aoineart

Còmhlan bheanntan, stòiteachd bheanntan,
còrr-lios bheanntan fàsmhor,
cruinneachadh mhullaichean, thulaichean, shlèibhtean,
tighinn sa bheucaich ghàbhaidh.

Èirigh ghleanntan, choireachan ùdlaidh,
laighe sa bhùirich chràcaich;
sìneadh chluaineagan, shuaineagan srùthlach,
brìodal san dùbhlachd àrsaidh.

Eachraidh bheanntan, marcachd mhullaichean,
deann-ruith shruthanach càthair,
sleamhnachd leacannan, seangachd chreachainnean,
srannraich leacanach àrd-bheann.

A surge-belt of hill-tops,
impetuous thigh of peaks,
the murmuring bareness of marching turrets,
green flanks of Mosgary,
crumbling storm-flanks,
barbarous pinnacles of high moorlands.

Glen Eyre

There is a little island in my memory,
lying on a sea of ten years,
a clear distant melancholy island,
an evening of longing and of thoughts,
and I alone and lonely
above the raised beach of Eyre.

The Sound was ruffled with north-west wind,
the south chill and thick,
the rugged head of Blaven misty and morose,
a glimmering clarity in the north-west,
putting a white pool about my longing
and about the bent grass of Glen Eyre.

That evening on the ridge
I realised the unhappy thing:
that there was a wall between joy
and my harsh little croft,
a boundary that would not be changed
to set joy free:

that my cows would not get at the pasture
that is on the far side of the march
in spite of every struggle and persistence,
though MacLeans and MacLeods,
Nicolsons and MacDonalds
were urging their claim;

that I would not get the thing I wanted
with the gift of my environment and heredity

Onfhadh-chrios mhullaichean,
confhadh-shlios thulaichean,
monmhar luim thurraidean màrsail,
gorm-shliosan Mhosgaraidh,
stoirm-shliosan mosganach,
borb-bhiodan mhonaidhean àrda.

Gleann Aoighre

Tha eilean beag 'na mo chuimhne
's e 'na laighe air cuan deich bliadhna,
eilean soilleir, fad' às, cianail,
feasgar an iarrtais is nan smaointean
agus mi leam fhìn 'nam aonar
os cionn faoilinn Aoighre.

Bha 'n linne greannach le gaoth 'n iar-thuath,
an àird a deas fuaraidh, dùmhail,
ceann sgorach Bhlàbheinn ceòthar, mùgach:
aiteal soilleireachd san iar-thuath
a' cur linne gheal mum iargain
agus mu shliabh Ghleann Aoighre:

am feasgar ud air a' bhearradh
thuig mi an nì nach b' aoibhinn:
gu robh balla eadar aoibhneas
agus mo chroit bhig neo-chaomhail,
crìoch air nach tigeadh caochladh
a shaoradh aoibhneas:

nach ruigeadh mo chrodh air an fheurach
a tha air taobh eile na crìche
a dh'aindeoin gach spàirn is dìchill,
ged bhiodh Leathanaich is Leòdaich,
Clann MhicNeacail is Clann Dòmhnaill
air tòir an agairt;

nach fhaighinn-sa an nì a dh'iarr mi
le gibht mo dhùthchais is mo dhualchais,

and with another gift, my talents;
that I could not stand on Blaven
and stay in the garden
where fruits were growing richly,

and though I were to climb Blaven,
it was only a mean mountain
from which I would not see a freedom of grasslands,
when my desire was on Kilimanjaro,
the Matterhorn and Nanga Parbit
and the height of Everest.

And though I stayed where I was
without the toil and cold of the tops,
that my desire, the red ripe fragrant apple,
would not fall into my hands,
and that it was not to be reached with surpassing effort
or with pride any more.

And my desire had left the heights
since I had seen the fresh apple,
the fragrant, delicate, exotic apple:
I would not get the satisfaction of the garden
nor any comfort on the heights,
with the divisive passion of my spirit.

My life running to the seas
through heather, bracken and bad grass,
on its fanked eerie course,
like the mean and shallow stream
that was taking its meagre way through a green patch
to the sea in the Kyle.

But again and again a spring tide came
to put beauty on the river foot,
to fill its destination with richness,
and sea-trout and white-bellied salmon came
to taste the water of the high hills
with flood-tide in Inver Eyre.

agus le gibht eile, mo bhuadhan:
nach b' urrainn dhomh seasamh air Blàbheinn
agus fuireach anns a' ghàrradh
far am b' fhàsmhor measan:

agus ged dhìrichinn Blàbheinn
nach robh innte ach beinn shuarach
bho nach fhaicinn saorsa chluaintean,
agus m' ùidh air Kilimanjaro,
a' Mhatterhorn is Nanga Parbit
agus àirde Everest.

Agus ged dh'fhanainn far an robh mi
gun shaothair agus fuachd nam mullach,
nach tuiteadh mo mhiann, an t-ubhal
dearg, abaich, cùbhraidh, 'na mo làmhan,
agus nach ruigteadh e le sàr-strì
no le àrdan tuilleadh.

'S cha robh mo mhiann air na h-àirdean
on chunnaic mi an t-ubhal ùrar,
an t-ubhal coigreach, grinn, cùbhraidh:
chan fhaighinn sàsachadh a' ghàrraidh
no aon fhurtachd air na h-àirdean
agus mo chàil air bhoile.

Mo bheatha ruith chun nan cuantan
tro fhraoch is fhraineach is droch fheurach
air a cùrsa fangte, tiamhaidh,
mar an sruthan staoin suarach
bha gabhail slighe chrìon tro chluaineag
gu cuan anns a' chaol.

Ach uair is uair thigeadh reothairt
a chur dreach air bun na h-aibhne,
a lìonadh a ceann-uidhe le saidhbhreas;
is thigeadh gealag is bradan tàrr-gheal
a bhlaiseadh uisge nan àrd-bheann
ri làn an Inbhir Aoighre.

But base the sea-trout and white-bellied salmon
when one eye was on the top of the high hills
and the other on the beautiful apple:
and mountain and apple would not come to concord,
nor any kind of beauty on the fields,
about the shallow burn of Glen Eyre.

Cornford

Cornford and Julian Bell
and Garcia Lorca
dead in Spain in the sacred cause
and the heart of love uncomforted;
feeble the body in the vigour
that puts beauty on poetry,
faint the heart with the effect
of the gall in beauty's sheen.

Cornford and Julian Bell
and Garcia Lorca
dead in Spain in the hard cause
and the heart of verse uncomfortable;
hoarse the grey Muse
who has taken the blight that rusts,
anguish in the heart of heroes
who have seen the decline of anger.

Cornford and Julian Bell
and Garcia Lorca
always going round in my head
and sky black without an opening.
Cornford and Julian Bell
and Garcia Lorca,
the poets will not get over your death
with the lie of the comfortable heart.

What to us the empire of Germany
or the empire of Britain
or the empire of France,

Ach suarach gealag is bradan tàrr-gheal
is aon t-sùil air mullach nan àrd-bheann
's an tèile air an ubhal àlainn:
's cha tigeadh beinn is ubhal gu aonadh,
no gnè mhaise air na raointean,
mu abhainn staoin Ghleann Aoighre.

Cornford

Cornford agus Julian Bell
agus Garcia Lorca
marbh san Spàinn san adhbhar naomh
is cridhe ghaoil mì-shocrach:
neo-lùthmhor bodhaig leis an sgoinn
tha cur na loinn air bàrdachd,
anfhann an cridhe leis a' bhrìgh
th' aig domblas lì na h-àilleachd.

Cornford agus Julian Bell
agus Garcia Lorca
marbh san Spàinn san adhbhar chruaidh
is cridhe 'n duain mì-shocrach;
tùchadh air a' Cheòlraidh ghlais,
a fhuair an gaiseadh meirge,
ànradh an spiorad nan laoch
a chunnaic claonadh feirge.

Cornford agus Julian Bell
agus Garcia Lorca
a' sìor dhol thimcheall 'nam cheann
is adhar dubh gun fhosgladh.
Cornford agus Julian Bell
agus Garcia Lorca,
chan fhaigh na bàird os cionn bhur n-èig
le brèig a' chridhe shocraich.

Dè dhuinne ìmpireachd na Gearmailt
no ìmpireached Bhreatainn,
no ìmpireachd na Frainge,

and every one of them loathsome?
But the grief is ours
in the sore frailty of mankind,
Lorca, Julian Bell and Cornford,
who did not wait for the fame of poets.

O fields of Spain
that saw the distress of miserable ones,
I did not take your agony
and the full grief of your passion:
those to whom you gave death
found the shade of the grave,
some of them left a happy world
and some the shriek of misery.

Cornford and Julian Bell
and Garcia Lorca,
it's you who have the grave
that is hard with a comfortable glory!
Cornford and Julian Bell
and Garcia Lorca,
to me seven times better your death
than the necessity of my case.

The Clan MacLean

Not they who died
in the hauteur of Inverkeithing
in spite of valour and pride
the high head of our story;
but he who was in Glasgow
the battle-post of the poor,
great John Maclean,
the top and hem of our story.

's a h-uile tè dhiubh sgreataidh!
Ach 's ann dhuinne tha am bròn
ann am breòiteachd a' chinne:
Lorca, Julian Bell is Cornford,
nach d' fhan ri glòir nam filidh.

O mhachraichean na Spàinne,
a chunnaic àmhghar thruaghan,
cha d' ghabh mise bhur cràdhlot
is sàthghal bhur buairidh;
an fheadhainn dan tughadh bàs leibh,
fhuair iad sgàil na h-uaghach;
dh'fhàg cuid dhiubh sonas saoghail
is cuid dhiubh gaoir na truaighe.

Cornford agus Julian Bell
agus Garcia Lorca,
's ann agaibhse a tha an uaigh
tha cruaidh le glòir socrach!
Cornford agus Julian Bell
agus Garcia Lorca,
bu sheachd feàrr leams' bhur n-eug
seach èiginn mo thorchairt!

Clann Ghill-Eain

Chan e iadsan a bhàsaich
an àrdan Inbhir Chèitein
dh'aindeoin gaisge is uabhair
ceann uachdrach ar sgeula;
ach esan bha 'n Glaschu,
ursann-chatha nam feumach,
Iain mòr MacGill-Eain,
ceann is fèitheam ar sgeula.

From The Tree of Strings

To George Campbell Hay

I
On the hardness of rocks
is the ordered thought,
on the bareness of mountains
is the forthright verse,
on a living summit
is the might of talents,
on a white summit
the garden that is not named.

The Tree of Strings is
on the face of hardship;
the pillar of poems
on the height of misery;
on the erection of vicissitudes
the tree-top of exultation;
the tree of music is
a flower to windward.
. . .

II
. . .

The Tree's stock is from the root of anguish,
Ross and Baudelaire in misery;
the branches go to seed on the bareness of high hills,
on sharp hard desert mountain-tops.

Seen under the shadow of the Tree of joy
every great crowd of little people going blindly,
the wretched man in harsh dejection,
misery, poverty and dejection shining.

> The tree-top music
> is on the dun of the summit;
> the great new tree
> is under an unlamenting dew:

Bho Craobh nan Teud

Do Mhac Iain Deòrsa

I

Air cruas nan creag
tha eagar smuaine,
air lom nam beann
tha 'n rann gun chluaine;
air mullach beò
tha treòir nam buadhan,
air àirde ghil
tha 'n lios gun luaidh air.

Tha Craobh nan Teud
air aodann cruaidh-chàis,
tha calbh nan dàn
air àird na truaighe;
air stòiteachd chàs
tha bàrr na luathghair,
tha craobh a' chiùil
'na flùr ri fuaradh.

. . .

II

. . .

Tha stoc na craoibhe o fhreumh an àmhghair,
Ros is Baudelaire an cràdhlot;
tha 'n laomadh gheug air luime àrd-bheann,
air creachainnean geura cruaidhe fàsail.

Chunnacas fo sgàil craobh an aoibhneis
gach mith-shluagh mòr a' falbh an doille,
an duine truagh fo sprochd mì-choibhneil,
an truaighe, bhochdainn 's an sprochd fo bhoillsgeadh.

 Tha bàrr a' chiùil
 air dùn a' mhullaich;
 tha 'n rò-chrann ùr
 fo dhriùchd gun tuireadh;

the broken heart
is beyond the startling of woe;
the Tree of Strings
is a light through suffering.

The branches of the poem tree will not be broken
by the hardship of chances and their strokes:
the guileless rose will grow
in spite of the grey drought of the springs.

Death, hardship and corruption
wither the foliage that was in joy;
but the great stock will grow without decline
beyond the misery of chances and their nightmare.

His children dead in the raging fever
and Patrick Mór in his music;
the Dun dumb with no voice it knew
and Ruairi on a luminous mountain.

> Tree of poetry,
> firebrand of the high hills,
> choiceness of the horizon
> and loveliness of sun:
> stock unoppressed
> by woe and threat,
> by bitter-speaking hunger
> and torrent of falsehood.

> In a harp of pain,
> in the pipe of the Patricks
> is the tree of a glorious beauty,
> the lovely music-voice,
> white, crescent, luminous,
> the surging verse music,
> the melodious, gold-yellow tree,
> high head above grief.

> . . .

tha 'n cridhe brist'
thar clisgeadh dunaidh;
tha Craobh nan Teud
'na leus le fulang.

Cha bhristear meangach craobh na luathghair
le allaban nan càs 's lem bualadh:
cinnichidh an ròs gun chluaine
dh'aindeoin tiormachd ghlas nam fuaran.

Tha 'm bàs, an t-anacothrom 's a' chaitheamh
seacadh an duillich bha fo aighear;
ach fàsaidh an stoc mòr gun chaitheamh
thar truaighe chàs 's an trom-laighe.

A chlann marbh san teasaich dhòbhaidh
agus Pàdraig Mòr gu ceòlmhor;
an Dùn balbh gun ghuth bu nòs da
agus Ruairi air beinn lòghmhoir.

A chraobh na bàrdachd,
a chaoir nan àrd-bheann,
a chaoine fàire
is àilleachd grèine;
a stoc gun chlaoidheadh
le ànradh 's maoidheadh,
le gort shearbh-laoidheach
's le maoim-shruth brèige.

An clàrsaich cràidh,
am pìob nam Pàdraig
tha craobh àilleachd glòrmhoir,
an ceòl-ghuth àlainn,
geal, fàsmhor, lòghmhor,
an rann-cheòl bàrcach,
an crann binn àr-bhuidh,
ceann àrd thar dòrainn.

...

Aros Burn

I do not remember your words,
even a thing you said,
but Aros Burn in the smell of honeysuckle
and the smell of bog-myrtle on Suishnish.

The Old Song

My body is singing for your beauty
and my veins shouting a paean:
all my blood is like a belled wine
over-brimming a bowl.
Before you, beautiful one,
in my head are two thousand thrushes
singing livelily in a young wood:
in my ear ten thousand bees.

My body is in battle-joy,
an army under a victorious banner,
Goll and Fionn winning the day,
Caoilte in the strength of his swiftness.
Since you are my battle-opposite,
let me strike you with ten thousand kisses,
since you are my champion in the field,
yielding is your victory, lovely one.

My well-shod steeds are on the plain
vehement in the start of pursuit.
I have taken as emblem the kindling
that is in your flushing of cheek.
Whoso encounters you in war,
you are better than Conall Cearnach,
than Diarmid, Oscar or Cuchulainn:
my victory is to fall under your blows.

Defeat is victory
in the war of joy:
for all that may happen, there will be
mirth and drinking in Maeve's hall.

Abhainn Àrois

Cha chuimhne leam do bhriathran,
eadhon nì a thubhairt thu,
ach Abhainn Àrois an àileadh iadhshlait
is àileadh roid air Suidhisnis.

An Seann Òran

Tha mo chom a' seinn rid bhòidhche
's mo chuislean 'g èigheach luathghair:
tha m' fhuil uile mar fhìon cròiceach
a' cur thairis cuaiche:
fa do chomhair, a thè bhòidheach,
'na mo cheann dà mhìle smeòrach
ann an coille òig ri ceileir:
'na mo chluais deich mìle seillean.

Tha mo chom ri mire-chatha,
armailt fo bhrat buadhach,
Goll is Fionn a' cur an latha,
Caoilte 'n trèine 'luathais.
Bhon as tu mo chèile còmhraig,
buaileam le deich mìle pòg thu;
bhon as tu mo chonnspann àraich,
's e strìochd do bhuaidh, a thè àlainn.

Tha m' eich chrodhant air a' mhachair
dian an toiseach ruaige:
ghabh mi 'na shuaicheantas an lasadh
tha nad rudhadh gruaidhe.
Ge b' e chòmhraigeas am blàr thu,
's tus' as fheàrr na Conall Ceàrnach,
na Diarmad, Osgar, no Cù Chulainn;
mo bhuaidh-sa tuiteam fod bhuillean.

'S e am bristeadh a' bhuaidh-làraich
ann am blàr an aoibhneis:
air na thachras 's ann bhios mànran
's òl an talla Maebhe.

O golden one, o beautiful one,
your hair is the banner of satins,
your white body is the enraptured plain,
triumph and revelry on its level.

My body is singing with delight
in the top of richness:
your beauty's feast and revelry
is lighting a thousand candlesticks.
Your handsome face, beloved girl,
is Germany in violin music;
it is the tenderness and sparkle
Scotland had in MacCrimmon's music.

My body is singing with joyful salutation
on the height of the mountains,
seeing the white mist pouring
in deep pools of light.
O golden one, o joyous one,
the rarity of your face my sunlit mountain,
and your handsome carriage
is my straight sapling, my glen of pine.

My body is singing with tranquillity
in the mouth of the evening
since it learned of every treasure
that is in the enriched mind.
O beautiful one, you are my quest,
my protection charm, my Brightness of Brightness,
my unparalleled music beyond beautiful refrains,
my precious verse come upon by chance.

My body is singing with tenderness
in the middle of the night
since it learned of each wonder
of most gentle compassion.
O girl, you are the Milky Way
with its band of dense stars.
You are Venus and Arcturus,
the belt and scabbard of Orion.

O thè bhuidhe, o thè bhòidheach,
's i do ghruag a' bhratach shròiltean,
's e do chliabh geal am magh èibhneach,
buaidh is caithream air a rèidhlean.

Tha mo chom a' seinn le sòlas
ann am mullach saidhbhreis:
tha cuirm is caithream do bhòidhche
a' lasadh mìle coinnlear.
'S e t' aodann lurach, a ghaoil nìghne,
a' Ghearmailte an ceòl na fìdhle;
's e a' chaoine is an drithleann
bh' aig Alba ann an ceòl MhicCruimein.

Tha mo chom a' seinn le faoilte
's e air àird a' mhonaidh,
ag amharc a' cheò ghil a' taomadh
'na ghlumagan solais.
O thè bhuidhe, o thè èibhneach,
annas t' aodainn mo bheinn grèine,
agus 's e do ghiùlan lurach
m' fhiùran dìreach, mo ghleann giuthais.

Tha mo chom a' seinn le ciùine
ann am beul na h-oidhche
bhon a dh'fhoghlaim e gach iunntas
tha san aigne shaidhbhir.
O thè bhòidheach, 's tu mo shireadh,
mo sheun, mo Ghile na Gile,
mo shàr-cheòl thar shèistean àlainn,
mo rann faodail thar gach bàrdachd.

Tha mo chom a' seinn le caoine
ann am meadhan oidhche
bhon a dh'fhoghlaim e gach iongnadh
as caoimhe coibhneas.
O nighean, 's tusa Sgrìob Chloinn Uisnigh
le bann de rionnagan dùmhail,
's tu Arcturus agus Bheunas,
crios is truaill an t-Sealgair reultaich.

The Woods of Raasay

Straight trunks of the pine
    on the flexed hill-slope:
    green, heraldic helmets,
    green unpressed sea;
    strong, light, wind-headed,
    untoiling, unseeking,
    the giddy, great wood,
    russet, green, two plaitings.

Floor of bracken and birch
    in the high green room:
    the roof and the floor
    heavily coloured, serene:
    tiny cups of the primrose,
    yellow petal on green,
    and the straight pillars of the room,
    the noble restless pines.

You gave me helmets,
    victorious helmets,
    ecstatic helmets,
    yellow and green;
    bell-like helmets,
    proud helmets,
    sparkling helmets,
    brown-red helmets.

I took your banners
    and wrapped them round me.
    I took your yellow
    and green banners,
    I clothed pampered
    volatile thoughts:
    I clothed them in your
    yellow and red banners.

Coilltean Ratharsair

Gallain a' ghiuthais
    air lùthadh an fhirich;
    gorm-chlogadan suaithneis,
    muir uaine gun dinneadh;
    treun, aotrom, ceann-gaothail,
    neo-shaothrach, gun shireadh,
    a' choille mhòr ghuanach,
    ruadh, uaine, dà fhilleadh.

Ùrlar frainich is beithe
    air an t-seòmar àrd uaine;
    am mullach 's an t-ùrlar
    trom-dhathte le suaimhneas:
    mith-chuachan na sòbhraig,
    bileag bhuidhe air uaine;
    is cuilbh dhìreach an t-seòmair,
    giuthas òirdheirc an luasgain.

Thug thu dhomh clogadan,
    clogadan buadhmhor,
    clogadan mireanach,
    buidhe is uaine;
    clogadan glaganach,
    clogadan uallach,
    clogadan drithleannach,
    clogadan ruadha.

Ghabh mi do bhrataichean
    umam gan suaineadh:
    ghabh mi do bhrataichean
    buidhe is uaine.
    Sgeadaich mi aignidhean
    beadarra luaineach:
    sgeadaich nad bhrataichean
    buidhe is ruadha.

I took my way
    through the restless intricacy;
    I took the course
    over the new land of dream;
    going and returning
    and seeking the triumph,
    in delight and in swift running,
    with my desire proud-spirited.

The great wood in motion,
    fresh in its spirit;
    the high green wood
    in a many-coloured waulking;
    the wood and my senses
    in a white-footed rapture;
    the wood in blossom
    with a fleeting renewal.

The sunlit wood
    joyful and sportive,
    the many-winded wood,
    the glittering jewel found by chance;
    the shady wood,
    peaceful and unflurried,
    the humming wood
    of songs and ditties.

The divided wood
    wakening at dawn,
    the wood with deer-belling
    bursting to baying;
    the wood with doubling
    of hurrying 'Crunluath',
    the wood delighted
    with the love-making of the sea.

You were eloquent at evening
    with songs in your house,

Ghabh mi an t-slighe
    tro fhilleadh an luasgain:
    thug mi an cùrsa
    thar ùr-fhonn a' bhruadair,
    a' siubhal 's a' tilleadh
    's a' sireadh na buaidhe,
    am mire 's an deann-ruith
    is m' annsachd gu h-uallach.

A' choille mhòr shiùbhlach
    's i ùrail am meanmna;
    a' choille àrd uaine
    ann an luadh ioma-dhealbhach.
    A' choille 's mo bhuadhan
    ann an luathghair nan geala-chas:
    a' choille bàrr-gùcach
    le ùrachadh falbhach.

Coille na grèine
    's i èibhneach is mireagach:
    a' choille ioma-ghaothach,
    an leug fhaodail dhrithleannach;
    coille na sgàile
    's i tàmhach neo-dhribheagach:
    coille a' chrònain
    's i òranach luinneagach.

A' choille san sgarthanaich
    dùsgadh sa chamhanaich:
    a' choille le langanaich
    brùchdadh gu tabhanaich:
    a' choille le dùblachadh
    crùnluaith chabhagaich:
    a' choille 's i mùirneach
    ri sùgradh nam marannan.

Bha thu labhar tràth-nòine
    le òrain nad fhàrdaich

and cool with dews
silently falling;
and you would break out in splendour
with dells of thrushes,
and be silent always
with a humming of streamlets.

In your silence at night
there would be lovely amber shapes
over the dimming of the woods
and the faint light of the gloaming,
creeping wilily,
many-formed, subtle,
going and always coming
and winding themselves into your croon.

You gave me helmets,
green helmets,
the helmet of the poignant
and the helmet of the serene:
new helmets
hurting me with temptation,
helmets of pride
maiming me with unrest.

A face troubled the peace of the woodlands,
the bird-song of rivulets and the winding of burns,
the mildness of yellow stars shining,
the glitter of the sea, the phosphorescence of night.

When the moon poured the bright crown pieces
on the dark blue board of the sea at night
and I rowed to meet them,
I then tried to work out its genesis.

Sgurr nan Gillean is the fire-dragon,
warlike, terrible with its four
rugged headlong pinnacles in a row;
but it is of another sky.

is fionnar le driùchdan
a' tùirling gu sàmhach;
agus bhristeadh tu loinneil
le doireachan smeòrach;
's a' dùnadh gu suthainn
bu shruthanach crònan.

Rid thosd anns an oidhche
bhiodh loinn-chruthan òmair
thar ciaradh nan coilltean
's fann-shoillse na glòmainn,
ag èaladh gu cuireideach,
ioma-chruthach, seòlta,
a' falbh 's a' sìor thighinn
's gam filleadh nad chrònan.

Thug thu dhomh clogadan,
clogadan uaine;
clogad a' bhioraidh
is clogad an t-suaimhneis:
clogadan ùrail
gam chiùrradh le buaireadh,
clogadan àrdain
gam mhàbadh le luasgan.

Bhuair aodann sàmhchair choilltean,
ceilearadh shruthan is suaineadh aibhnean,
ciùine reultan buidhe a' boillsgeadh,
lainnir a' chuain, coille-bianain na h-oidhche.

Nuair dhòirt a' ghealach na crùin shoilleir
air clàr dùbhghorm na linne doilleir
agus a dh'iomair mi 'nan coinneamh,
's ann a dh'fheuch mi ri shloinneadh.

'S e Sgùrr nan Gillean a' bheithir
cholgarra gharbh le cheithir
binneanan carrach ceann-chaol sreathach;
ach 's ann tha e bho speur eile.

Sgurr nan Gillean is the reposeful
    beautiful unicorn in its whiteness,
    in its snow whiteness sparkling,
    calm and steadfast in its thrust,

its spearthrust on the horizon,
    the shapely white peak of beauty,
    peak of my longing and full love,
    the peak that sleeps forever over the Clàrach.

Green wood on the hither side of the Clàrach,
    the wood of Raasay with the music of laughter,
    the wood of Raasay, mild and peaceful,
    the joyful, sorrowful, loved wood.

Graveyard on each south slope of the hillside,
    the two rich graveyards of half my people,
    two still graveyards by the sea sound,
    the two graveyards of the men of Raasay returned,

returned to the repose of the earth
    from the sun's day of the round sky;
    a graveyard shaded from the breath of the sea,
    the two graveyards of the loins of the land.

The wood of Raasay,
    my dear prattler,
    my whispered reason,
    my sleeping child.

There came a startling in the wood,
    in the wood of dewy night,
    in the wood of the tender leaves,
    the restless wood of the rivulets.

The adder awoke in its rich growth,
    in its multi-swift fine foliage,
    among its leafy branches to wound,
    the venom of the cry of pain in the love-making.

B' e 'n t-aon-chòrnach Sgùrr nan Gillean,
    foistinneach, sgiamhach le ghile,
    le ghile shneachda 'na dhrithleann,
    ciùin agus stòlda 'na shitheadh,

'na shitheadh sleagha air an fhàire,
    sgurra foinnidh geal na h-àilleachd,
    sgurra m' iargain 's mo shàth-ghaoil,
    sgurra 's biothbhuan suain thar Clàraich.

Coille uaine taobh bhos na Clàraich,
    coille Ratharsair le ceòl-gàire,
    coille Ratharsair gu ciùin sàmhach,
    coille aoibhneach bhrònach ghràdhach.

Cladh air dà shlios dheas an fhirich,
    dà chladh saidhbhir leth mo chinnidh,
    dà chladh sàmhach air bruaich na linne,
    dà chladh fir Ratharsair air tilleadh.

Air tilleadh gu tàmh an fhuinn
    bho latha grèine an speur chruinn,
    cladh fo sgàil bho àile tuinn,
    dà chladh leasraidh an fhuinn.

Coille Ratharsair,
    m' ionam, labharag:
    mo chiall cagarain,
    mo leanabh cadalach.

Anns a' choille thàinig sraonadh,
    an coille na h-oidhche braonaich,
    an coille nan duilleagan maotha,
    coille luaineach, coille chaochan.

Dhùisg an nathair 'na lùisreadh,
    'na duilleach iomaluath caol ùrar,
    'na geugan duilleagach gu ciùrradh,
    gath a' chràdhghal anns an t-sùgradh.

The thrust came from the Cuillin,
	from the mountains hardest
	to climb to a pleasant summit:
	the tender softness was stung by a monster.

I saw the three in their swift course,
	the three shapely naked goddesses,
	I recognised the bruised Actaeon
	harried by the three angry ones.

I saw the three in the woods,
	the three white naked graceful ones,
	the three a glimmer before me,
	the three unspeakable in meeting.

One who gave the kisses
	that did not satisfy the pursuit
	that was double in the flight,
	the pursued man vehement in pursuit.

The wood of Raasay was the one
	that gave the smooth honeyed kiss,
	the kiss that would not suffice the clay,
	the kiss that put unrest in the body.

There is not the speed in their poem
	that would make the high tempest of it;
	there is not in it the full life
	that would make the wood rest.

The wood of Raasay in its gentleness,
	joyful beside the Clàrach,
	the green variation on the pibroch theme
	that the Cuillin makes with the waves.

The wood of Raasay is the talking one,
	the prattling whispering wood,
	the wood light beside the seas,
	the green wood in a sleepless slumber.

Thàinig an sitheadh bhon Chuilithionn,
  bho na beanntan bu duilghe
  dìreadh gu mullach suilbhir:
  lotadh a' mhaothanachd le uilebheist.

Chunnaic mi an triùir gu siùbhlach,
  an triùir bhan-dia chuimir rùiste:
  b' aithne dhomh Actaeon brùite
  le triùir fheargach ga sgiùrsadh.

Chunnaic mi an triùir sa choille,
  an triùir gheal rùiste loinneil,
  an triùir 'nan aiteal mum choinneamh,
  an triùir dho-labhairt an coinneamh.

Tè a liubhair na pògan
  nach do shàsaich an tòrachd
  dhùbailte bha anns an fhògradh,
  am fear ruagte dian san tòrachd.

Bu choille Ratharsair an tè
  a liubhair pòg mheala rèidh,
  a' phòg nach fòghnadh don chrè,
  a' phòg chuir luasgan sa chlèibh.

Chan eil de dheann-ruith 'nan dàn
  a dhèanadh dheth an doineann àrd,
  chan eil ann de bheatha làin
  a chuireadh a' choille 'na tàmh.

Coille Ratharsair 'na ciùine
  ri taobh na Clàraich gu mùirneach,
  siubhal uaine an ùrlair
  th' aig a' Chuilithionn ris na sùghan.

Coille Ratharsair an labharag,
  coille bhrìodail, coille chagarain,
  coille aotrom ri taobh nam marannan,
  coille uaine an suain neo-chadalach.

To believe with flesh,
    with brain and heart,
    that one thing was complete,
    beautiful, accessible:
    a thing that would avoid the travail
    of the flesh and hardship,
    that would not be spoiled by the bedragglement
    of time and temptation.

What is the meaning of giving a woman
    love like the growing blue of the skies
    rising from the morning twilight
    naked in the sun?

Though a love were given as perfect
    as heroism against circumstances,
    unhesitant, undoubting, hopeless,
    sore, blood-red, whole;
    though the unspeakable love were given,
    it would be only as if one were to say
    that the thing could not happen
    because it was unspeakable.

What is the meaning of giving hope
    a steed-footed blood-red love,
    of offering to the Cuillin's height
    a love that will strive over every difficulty?
    What is the meaning of worshipping Nature
    because the wood is part of it?

One has seen the Cuillin wall knocked down,
    brittle, broken, in a loathsome pit,
    and one has seen the single-minded love
    unattainable, lost, unspoiled.

It is that they rise
    from the miserable torn depths
    that puts their burden on mountains.

'S e bhith creidsinn le feòil,
le eanchainn 's le cridhe
gu robh aon nì coileanta
àlainn so-ruighinn:
nì a sheachnadh allaban
na colainne 's a' chruaidh-chàis,
nach millteadh le meapaineadh
tìme is buairidh.

Dè fàth bhith toirt do nighinn
gaol mar ghormadh speur
ag èirigh às a' chamhanaich
gu lomnochd ri grèin?

Ged bheirteadh gaol cho coileanta
ri gaisge 'n aghaidh chàs,
gun athadh, gun teagamh, gun dòchas,
goirt, crò-dhearg, slàn;
ged bheirteadh an gaol do-labhairt,
cha bhiodh ann ach mar gun cante
nach b' urrainn an càs tachairt
a chionn gu robh e do-labhairt.

Dè fàth bhith toirt do dhòchas
gaol steud-crodhanta crò-dhearg,
bhith liubhairt do àird a' Chuilithinn
gaol a nì strì thar gach duilghinn?
Dè fàth adhradh do Nàdar
a chionn gur h-i choille pàirt dheth?

Chunnacas mùr a' Chuilithinn leagte,
prann briste, an sloc sgreataidh;
agus chunnacas an gaol singilt'
do-ruighinn, caillte, neo-mhillte.

'S e gu bheil iad ag èirigh
às an doimhne thruaigh reubte
tha cur air beanntan an èire.

Poor, uncertain the base
    on which the heroic Cuillin is based
    just as the reason is torn
    to put beauty on poem or melody.

O the wood, O the wood,
    how much there is in her dark depths!
    Thousands of adders in her rich growth:
    joy broken and bruised,
    and the pain that was ever in anguish,
    that cannot get over its anguish.

O the wood, O the wood!
    The aspect of pleasant beauty,
    of the eye that is soft and bright,
    the lively jewel in blindness.

The way of the sap is known,
    oozing up to its work,
    the wine that is always new and living,
    unconscious, untaught.

There is no knowledge of the course
    of the crooked veering of the heart,
    and there is no knowledge of the damage
    to which its aim unwittingly comes.

There is no knowledge, no knowledge,
    of the final end of each pursuit,
    nor of the subtlety of the bends
    with which it loses its course.

Bochd mì-chinnteach am bonn
  tha stèidheachadh Cuilithionn nan sonn
  ionnas mar reubar an conn
  chur àilleachd air dàn is fonn.

Och a' choille, och a' choille,
  dè na tha 'na doimhne dhoilleir!
  Mìltean nathraichean 'na lùisreadh:
  an t-aoibhneas 's e briste brùite
  agus an cràdh bha riamh ciùrrte,
  nach toir bàrr air a chiùrradh.

Och a' choille, och a' choille!
  Fiamh na bòidhche foinnidh,
  na sùla tha maoth soilleir,
  seud beothanta anns an doille.

Tha eòl air slighe an t-snodhaich
  a' drùdhadh suas gu ghnothach,
  am fìon sìor ùrar beothail
  gun fhios dha fhèin, gun oilean.

Chan eil eòl air an t-slighe
  th' aig fiarachd cham a' chridhe
  's chan eil eòl air a' mhilleadh
  don tàrr gun fhios a cheann-uidhe.

Chan eil eòlas, chan eil eòlas
  air crìch dheireannaich gach tòrachd
  no air seòltachd nan lùban
  leis an caill i a cùrsa.

Poems to Eimhir

II
Reason and Love

If our language has said that reason
is identical with love,
it is not speaking the truth.

When my eye lighted on your face
it did not show the reason in love,
I did not ask about that third part.

When I heard your voice it did not make
this division in my flesh;
it did not the first time.

But that came to me without my knowing
and it tore the root of my being,
sweeping me with it in its drift.

With all I had of apprehension
I put up a shadow of fight;
my reason struggled.

From the depths of this old wisdom
I spoke to my love:
your are not worthy of me, nor from me.

> On the inside my love,
> my intellect on the elegant side,
> and the foolish door was broken.

And my intellect said to my love:
duality is not for us;
we mingle in love.

Dàin do Eimhir

II
A Chiall 's a Ghràidh

Ma thubhairt ar cainnt gu bheil a' chiall
co-ionann ris a' ghaol,
chan fhìor dhi.

Nuair dhearc mo shùil air t' aodann
cha do nochd e ciall a' ghràidh,
cha do dh'fheòraich mi mun trian ud.

Nuair chuala mi do ghuth cha d' rinn
e 'n roinneadh seo 'nam chrè;
cha d' rinn a' chiad uair.

Ach dhiùchd siud dhomh gun aithne dhomh
is reub e freumh mo chrè,
gam sguabadh leis 'na shiaban.

Leis na bha dhomh de bhreannachadh
gun d' rinn mi faileas strì;
gun d' rinneadh gleac lem chèill.

Bho dhoimhne an t-seann ghliocais seo
's ann labhair mi rim ghaol:
Cha diù leam thu, cha diù bhuam.

> Air an taobh a-staigh mo ghaol,
> mo thuigse air an taobh ghrinn,
> is bhristeadh a' chòmhla bhaoth.

Is thubhairt mo thuigse ri mo ghaol:
Cha dhuinn an dùbailteachd:
tha 'n coimeasgadh sa ghaol.

III

Never has such turmoil
nor vehement trouble been put in my flesh
by Christ's suffering on the earth
or by the millions of the skies.

And I took no such heed of a vapid dream –
green wood of the land of story –
as when my stubborn heart leaped to the glint
of her smile and golden head.

And her beauty cast a cloud
over poverty and a bitter wound
and over the world of Lenin's intellect,
over his patience and his anger.

IV

Girl of the yellow, heavy-yellow, gold-yellow hair,
the song of your mouth and Europe's shivering cry,
fair, heavy-haired, spirited, beautiful girl,
the disgrace of our day would not be bitter in your kiss.

Would your song and splendid beauty take
from me the dead loathsomeness of these ways,
the brute and the brigand at the head of Europe
and your mouth red and proud with the old song?

Would white body and forehead's sun take
from me the foul black treachery,
spite of the bourgeois and poison of their creed
and the feebleness of our dismal Scotland?

Would beauty and serene music put
from me the sore frailty of this lasting cause,
the Spanish miner leaping in the face of horror
and his great spirit going down untroubled?

III

Cha do chuir de bhuaireadh riamh
no thrioblaid dhian 'nam chrè
allaban Chrìosda air an talamh
no milleanan nan speur.

'S cha d' ghabh mi suim de aisling bhaoith –
coille uaine tìr an sgeòil –
mar leum mo chridhe rag ri tuar
a gàire 's cuailein òir.

Agus chuir a h-àilleachd sgleò
air bochdainn 's air creuchd sheirbh
agus air saoghal tuigse Lenin,
air fhoighidinn 's air fheirg.

IV

A nighean a' chùil bhuidhe, throm-bhuidh, òr-bhuidh,
fonn do bheòil-sa 's gaoir na h-Eòrpa,
a nighean gheal chasarlach aighearach bhòidheach,
cha bhiodh masladh ar latha-ne searbh nad phòig-sa.

An tugadh t' fhonn no t' àilleachd ghlòrmhor
bhuamsa gràinealachd mharbh nan dòigh seo,
a' bhrùid 's am meàirleach air ceann na h-Eòrpa
's do bheul-sa uaill-dhearg san t-seann òran?

An tugadh corp geal is clàr grèine
bhuamsa cealgaireachd dhubh na brèine,
nimh bhùirdeasach is puinnsean crèide
is dìblidheachd ar n-Albann èitigh?

An cuireadh bòidhchead is ceòl suaimhneach
bhuamsa breòiteachd an adhbhair bhuain seo,
am mèinnear Spàinnteach a' leum ri cruadal
is 'anam mòrail dol sìos gun bhruaillean?

What would the kiss of your proud mouth be
compared with each drop of the precious blood
that fell on the cold frozen uplands
of Spanish mountains from a column of steel?

What every lock of your gold-yellow head
to all the poverty, anguish and grief
that will come and have come on Europe's people
from the Slave Ship to the slavery of the whole people?

VI

In spite of the uproar of slaughter
in Germany or in France
I shall remember a table in this house
two nights and I there:

this year the choice of Scotland,
the red-haired girl, sun forehead;
and the year before last the fair-haired girl,
beautiful choice of Ireland.

VIII

The innocent and the beautiful
Have no enemy but time.
W. B. Yeats

I thought that I believed from you
the shapely words of that little poem,
and it seems to me that I did not think
that I would see the declension of their deceit.

But I understood that your thought was idle
when I saw on that Monday,
with my own eyes, the steel helmet
on my darling's very beautiful head.

Dè bhiodh pòg do bheòil uaibhrich
mar ris gach braon den fhuil luachmhoir
a thuit air raointean reòthta fuara
nam beann Spàinnteach bho fhòirne cruadhach?

Dè gach cuach ded chual òr-bhuidh
ris gach bochdainn, àmhghar 's dòrainn
a thig 's a thàinig air sluagh na h-Eòrpa
bho Long nan Daoine gu daors' a' mhòr-shluaigh?

VI
A dh'aindeoin ùpraid marbhaidh
anns a' Ghearmailt no san Fhraing
bidh mo chuimhne air bòrd san taigh seo
dà oidhche 's mi ann.

Am bliadhna roghainn na h-Albann,
an nighean ruadh, clàr na grèine;
's a' bhòn-uiridh an nighean bhàn,
roghainn àlainn na h-Èireann.

VIII
The innocent and the beautiful
Have no enemy but time.
W. B. Yeats

Bha dùil leam gun do chreid mi bhuatsa
briathran cuimir an duain ud;
agus ar leam nach do shaoil mi
gum faicinn aomadh an cluaine.

Ach thuig mi gum b' fhaoin do smuain-sa
nuair chunnaic mi an Diluain sin
lem shùilean fhìn an clogad stàilinn
air ceann àlainn mo luaidhe.

XI

Often when I called Edinburgh
a grey town without darting sun,
it would light up with your beauty,
a refulgent, white-starred town.

XII

Four there are to whom I gave love,
to four a service of varying effect:
the great cause and poetry,
the lovely Island and the red-haired girl.

XIII

To my eyes you were Deirdre
beautiful in the sunny cattle-fold;
you were MacBride's wife
in her shining beauty.
You were the yellow-haired girl of Cornaig
and the Handsome Fool's Margaret,
Strong Thomas's Una,
Cuchulainn's Eimhir and Grainne.
You were the one of the thousand ships,
desire of poets and death of heroes,
you were she who took the rest
and the peace from the heart of William Ross,
the Audiart who plagued De Born
and Maeve of the drinking horns.

And if it is true that any one
of them reached your beauty,
it must have been with a gracious spirit
shaped in a beautiful face.
And therefore I ought
to fashion for you the Dàn Dìreach
that would catch every beauty
that has kindled the imagination of Europe.
There ought to appear in its course
the vehemence of Spain complete,

XI

Tric 's mi gabhail air Dùn Èideann
baile glas gun ghathadh grèine,
's ann a lasadh e led bhòidhche,
baile lòghmhor geal-reultach.

XII

Ceathrar ann dan tug mi luaidh,
do cheathrar seirbheis caochladh buaidh –
an t-adhbhar mòr agus a' bhàrdachd,
an t-Eilean àlainn 's an nighean ruadh.

XIII

Dom shùilean-sa bu tu Deirdre
's i bòidheach sa bhuaile ghrèine;
bu tu bean Mhic Ghille Bhrìghde
ann an àilleachd a lìthe.
Bu tu nighean bhuidhe Chòrnaig
is Mairearad an Amadain Bhòidhich,
an Ùna aig Tòmas Làidir,
Eimhir Chù Chulainn agus Gràinne,
bu tu tè nam mìle long,
ùidh nam bàrd is bàs nan sonn,
's bu tu an tè a thug an fhois
's an t-sìth bho chridhe Uilleim Rois,
an Audiart a bhuair De Born
agus Maebhe nan còrn.

Agus ma 's eadh is fìor gun d' ràinig
aon tè dhiubhsan t' àilleachd,
tha fhios gum b' ann le spiorad gràsmhor
air a dhealbh an aghaidh àlainn.
Agus uime sin bu chòir dhomh
'n Dàn Dìreach a chur air dòigh dhut
a ghlacadh gach uile bhòidhchead
a las mac-meanmna na h-Eòrpa.
Bu chòir nochdadh 'na iomchar
dianas na Spàinne gu h-iomlan,

the acuteness of France and Greece,
the music of Scotland and of Ireland.

I ought to put every effect
that Norway and Ireland
and old Scotland gave to my people
together in mellowness
and to offer them to the wonder
that is fair and shapely in your face.

And since I am not one of them –
MacBride or Naoise,
Thomas Costello or MacDonald,
Bertrans or the Handsome Fool,
Cuchulainn or great Fionn or Diarmad –
it is my dilemma to seize
in tormented verses the longing
that takes the spirit of sad poets,
to raise and keep as I would like,
direct and well-formed in the poem for you,
old and new and full,
the form and spirit of every beauty:
together in the image of joy,
paean-like, deep, jewel-like,
the acuteness of France and Greece,
the music of Scotland and of Ireland.

XV
Three Paths
To Hugh MacDiarmid

I could not keep within sight
of the narrow high-mountain road
that was indicated across the core of your poetry:
and, therefore, MacDiarmid,
farewell: but, if I liked,
I could comfortably follow that petty,
dry, low road
that Eliot, Pound, Auden,
MacNeice and Herbert Read and their clique have:

geur-aigne na Frainge is na Grèige,
ceòl na h-Albann 's na h-Èireann.

Bha còir agam gach uile èifeachd
a thug Lochlann is Èire
is Alba àrsaidh do mo dhaoine
a chur cuideachd an caoine
agus an ìobairt don ioghnadh
tha geal dealbhte an clàr t' aodainn.

Agus a chionn nach mise aon diubh –
Mac Ghille Bhrìghde no Naoise,
Tómas Ua Custuil no MacDhòmhnaill,
Bertrans no 'n t-Amadan Bòidheach,
Cù Chulainn no Fionn mòr no Diarmad –
's e mo chàs-sa an iargain
a ghabhas spiorad nam bàrd cianail
a ghlacadh anns na ranna pianta,
a thogail 's a chumail mar a b' àill leam
dìreach, cuimir anns an dàn dhut,
sean agus ùr is lànmhor,
cumadh is meanmna gach àilleachd;
còmhla an ìomhaigh an èibhneis,
luathghaireach, domhainn, leugach,
geur-aigne na Frainge 's na Grèige,
ceòl na h-Albann is na h-Èireann.

XV
Trì Slighean
Do Ùisdean MacDhiarmaid

Cha b' urrainn dhòmhsa cumail fàire
air slighe chumhang nan àrd-bheann
a nochdadh thar cridhe do bhàrdachd:
agus, uime sin, MhicDhiarmaid,
soraidh leat: ach nam bu mhiann leam
b' urrainn dhomh an t-slighe chrìon ud,
thioram, ìseal, leantainn tìorail
th' aig Eliot, Pound agus Auden,
MacNeice, is Herbert Read 's an còmhlan:

I could were it not for the twist
put in my disposition for two years
by my own land, the fate of Spain,
an angry heart and a beautiful girl.

XVII

Multitude of the skies,
golden riddle of millions of stars,
cold, distant, lustrous, beautiful,
silent, unfeeling, unwelcoming.

Fullness of knowledge in their course,
emptiness of chartless ignorance,
a universe moving in silence,
a mind alone in its bounds.

Not they moved my thoughts,
not the marvel of their chill course;
to us there is no miracle but in love,
lighting of a universe in the kindling of your face.

XVIII
Prayer

Since there is no God
and since Christ
is only the vain reflection of a story,
there is only: let me strengthen
my own spirit against agony.

For I have seen Spain lost,
a sight that has made my eyes salt,
and a tingling cry that has slowed
the movement of my heart of pride
with the nothingness and the death of the great.

We see again, now,
the oppression of the heart and the death of pride
and the miserable nothingness

b' urrainn, mur b' e am fiaradh
a chuireadh 'nam aigne dà bhliadhna
lem dhùthaich fhìn is càs na Spàinnte,
cridhe feargach is nighinn àlainn.

XVII

Lìonmhorachd anns na speuran,
òr-chriathar milleanan de reultan,
fuar, fad'-às, lòghmhor, àlainn,
tostach, neo-fhaireachdail, neo-fhàilteach.

Lànachd an eòlais man cùrsa,
failmhe an aineolais gun iùl-chairt,
cruinne-cè a' gluasad sàmhach,
aigne leatha fhèin san àrainn.

Chan iadsan a ghluais mo smaointean,
chan e mìorbhail an iomchair aognaidh,
chan eil a' mhìorbhail ach an gaol dhuinn,
soillse cruinne an lasadh t' aodainn.

XVIII
Ùrnaigh

A chionn nach eil Dia ann
agus a chionn nach eil Crìosda
ach 'na fhaileas faoin sgialachd,
chan eil ann ach: Dèanam làidir
m' aigne fhìn an aghaidh àmhghair.

Oir chunnaic mi an Spàinn caillte,
sealladh a rinn mo shùilean saillte,
agus gaoir a chuir maille
air iomchar mo chridhe àrdain
le neonitheachd is bàs nan sàr-fhear.

Chì sinn a-rithist an-dràsta
claoidh cridhe 's bàs an àrdain
agus neonitheachd neo-àghmhor

of every brave generous hope
by which we are separated from chill death.

Young Cornford had this in his heroism,
the fear of the thought of his love being near him
when Spain was a fast-day for him:
fear of his loss in the man,
fear of the fear in the hero.

What fear will I have
before the chill floods of the surge
now since I have heard their murmur?
It is said that a nightmare will be seen,
death and famine choking gladness,

that famine will be seen in the fields,
the mighty feebleness in her leanness,
that will take life and love from us,
that will lay low to the grave
with hunger and spiritless despair.

But do you think I will pray
to my own spirit against my own desire,
stoppage of my heart, blinding of eyes?
Will I beg that love of you be torn
from the roots of my choked heart?

Will I ask that my heart be purified
from the weakness of my pure white love,
will I ask for a flayed spirit
even in order that I be found in the madness
as brave as Dimitrov or as Connolly?

Just now I understand
that a fragmentation has come in this case,
the struggle of deathless humankind:
the being before the hardest choice,
death in immortal life or a death-like life.

anns gach dòchas treun faoilidh
len sgarar sinn bhon bhàs aognaidh.

Bha seo aig Cornford òg 'na ghaisge,
eagal smuain a ghaoil bhith faisg air
nuair bha an Spàinn 'na latha-traisg dha,
eagal a challa air an duine,
eagal an eagail air a' churaidh.

Dè an t-eagal a bhios ormsa
ro thuiltean aognaidh an onfhaidh
a-nis on chuala mi am monmhar?
Theirear gum faicear trom-laighe,
am bàs 's a' ghort a' tachdadh aighir;

gum faicear a' ghort air na raointean,
an eislig chumhachdach 'na caoile,
a bheir a' bheatha is an gaol bhuainn,
a leagas sìos a dh'ionnsaigh uaghach
le acras is eu-dòchas neo-uallach.

Ach saoil sibh an dèan mi ùrnaigh
rim spiorad fhìn an aghaidh m' ùidhe,
stad mo chridhe, dalladh shùilean?
An guidh mi do ghaol bhith air a shracadh
à freumhaichean mo chridhe thachdte?

An iarr mi mo chridhe bhith glante
bho anfhannachd mo ghaoil ghlain ghil,
an iarr mi spiorad 's e air fhaileadh
eadhon gu 'm faighear anns a' bhoile mi
cho treun ri Dimitrov no ri Ó Conghaile?

Tha mi a' tuigsinn an-dràsta
gun tàinig lìonsgaradh sa chàs seo,
gleac a' chinne-daonna neo-bhàsmhoir:
an neach mu choinneamh roghainn sàr-chruaidh,
bàs sa bheatha bhiothbhuain no beatha bhàsail.

My life the death-like life
because I have not flayed the heart of my fullness of love,
because I have given a particular love,
because I would not cut away the love of you,
and that I preferred a woman to crescent History.

I saw the branching blood rising,
the bonfire of the spirit on the mountains,
the poor world losing its wounds:
I sensed and understood the meaning of the cry
though my heart had not been flayed.

He whose heart has been washed
will go through fire without turning;
he will ascend the great mountain without homesickness;
I did not get such a spirit
since my heart is only half-flayed.

This prayer is the hard and sorry prayer,
the blasphemous imperfect prayer,
the crooked perverted prayer that turns back,
the prayer that I may pray
without praying to reach the substance.

I have heard of unhappy death
and about the hunger of loathsome famine
coming in pursuit of treachery.
How will I stand up against their cavalry
since my heart is but half-flayed?

When the spirit has been flayed,
it will lose every shadow,
it will lose every faintness.
But who will call my white love
surrender, faintness or shadow?

No catechist or examiner is needed
to see that there is not in my prayer

Mo bheatha-sa a' bheatha bhàsail
a chionn nach d' fhail mi cridhe mo shàth-ghaoil,
a chionn gun tug mi gaol àraidh,
a chionn nach sgarainn do ghràdh-sa
's gum b' fheàrr leam boireannach na 'n Eachdraidh fhàsmhor.

Chunnaic mi 'n fhuil chraobhach ag èirigh,
tein-aighir an spioraid air na slèibhtean,
an saoghal truagh a' call a chreuchdan:
thuig is thùr mi fàth an langain
ged nach robh mo chridhe air fhaileadh.

Esan dha bheil an cridhe air ionnlaid,
thèid e tro theine gun tionndadh,
dìridh e bheinn mhòr gun ionndrainn;
cha d' fhuair mise leithid de dh'anam
's mo chridhe ach air leth-fhaileadh.

'S e 'n ùrnaigh seo guidhe na duilghe,
an guidhe toibheumach neo-iomlan,
guidhe cam coirbte an tionndaidh,
an guidhe gun dèan mi guidhe,
gun guidhe 'n t-susbaint a ruigheachd.

Chuala mi mu bhàs neo-aoibhneach
agus mu acras gorta oillteil
a' tighinn an tòrachd na foille.
Ciamar a sheasas mi rim marc-shluagh
's gun mo chridhe ach leth-fhailte?

An uair tha 'n spiorad air fhaileadh,
caillidh e gach uile fhaileas,
caillidh e gach uile fhannachd.
Ach cò a ghabhas air mo gheal ghaol
aomadh, fannachd no faileas?

Cha ruigear a leas ceistear no sgrùdair
a dh'fhaicinn nach eil 'nam ùrnaigh

Effectual Calling or Sincerity,
and though I am clear-sighted in scripture
that my spirit is not one-fold.

Since the blame will not be put on gods,
who are only the shadow of desire,
and to avoid the man Christ,
I do not feel kindly towards Nature,
which has given me the clear whole understanding,
the single brain and the split heart.

XIX

I gave you immortality
and what did you give me?
Only the sharp
arrows of your beauty,
a harsh onset
and piercing sorrow,
bitterness of spirit
and a sore gleam of glory.

If I gave you immortality
you gave it to me;
you put an edge on my spirit
and radiance in my song.
And though you spoiled
my understanding of the conflict,
yet, were I to see you again,
I should accept more and the whole of it.

Were I, after oblivion of my trouble,
to see before me
on the plain of the Land of Youth
the gracious form of your beauty,
I should prefer it there,
although my weakness would return,
and to peace of spirit
again to be wounded.

a' Ghairm Èifeachdach no 'n Dùrachd,
's ged tha mi soilleir anns an fhìrinn
nach eil mo spiorad aon-fhillte.

A chionn nach cuirear coire air diathan,
nach eil ach 'nam faileas iarraidh,
agus a sheachnadh an duine Crìosda,
chan eil mo chaomhachd ris an Nàdar
a thug an tuigse shoilleir shlàn dhomh,
an eanchainn shingilte 's an cridhe sgàinte.

XIX

Thug mise dhut biothbhuantachd
is dè thug thu dhòmhsa?
Cha tug ach saighdean
geura do bhòidhchid.
Thug thu cruaidh shitheadh
is treaghaid na dòrainn,
domblas an spioraid,
goirt dhrithleann na glòire.

Ma thug mise dhut biothbhuantachd
's tusa thug dhòmhs' i;
's tu gheuraich mo spiorad
's chuir an drithleann 'nam òran;
's ged rinn thu mo mhilleadh
an tuigse na còmhraig,
nam faicinn thu rithist
ghabhainn tuilleadh 's an còrr dheth.

Nam faicinn mum choinneamh
air magh Tìr na h-Òige
an dèidh dìochuimhn' mo dhragha
clàr foinnidh do bhòidhchid,
b' fheàrr leam an siud e
ged thilleadh mo bhreòiteachd,
's na suaimhneas an spioraid
mi rithist bhith leònte.

O yellow-haired, lovely girl,
you tore my strength
and inclined my course
from its aim:
but, if I reach my place,
the high wood of the men of song,
you are the fire of my lyric –
you made a poet of me through sorrow.

I raised this pillar
on the shifting mountain of time,
but it is a memorial-stone
that will be heeded till the Deluge,
and, though you will be married to another
and ignorant of my struggle,
your glory is my poetry
after the slow rotting of your beauty.

XXII

I walked with my reason
out beside the sea.
We were together but it was
keeping a little distance from me.

Then it turned saying:
is it true you heard
that your beautiful white love
is getting married early on Monday?

I checked the heart that was rising
in my torn swift breast
and I said: most likely;
why should I lie about it?

How should I think that I would grab
the radiant golden star,
that I would catch it and put it
prudently in my pocket?

A nighean bhuidhe àlainn,
's ann shrac thu mo threòir-sa
agus dh'fhiaraich mo shlighe
bho shireadh mo thòrachd;
ach ma ruigeas mi m' àite,
coille àrd luchd nan òran,
's tu grìosach an dàin dhomh,
rinn thu bàrd dhìom le dòrainn.

Thog mi an calbh seo
air beinn fhalbhaich na tìme
ach 's esan clach-chuimhne
a bhios suim dheth gu dìlinn,
is ged bhios tusa aig fear-pòsta
is tu gun eòl air mo strì-sa,
's e do ghlòir-sa mo bhàrdachd
an dèidh cnàmhachd do lìthe.

XXII
Choisich mi cuide ri mo thuigse
a-muigh ri taobh a' chuain;
bha sinn còmhla ach bha ise
a' fuireach tiotan bhuam.

An sin thionndaidh i ag ràdha:
A bheil e fìor gun cual
thu gu bheil do ghaol geal àlainn
a' pòsadh tràth Diluain?

Bhac mi 'n cridhe bha 'g èirigh
'nam bhroilleach reubte luath
is thubhairt mi: Tha mi cinnteach;
carson bu bhreug e bhuam?

Ciamar a smaoinichinn gun glacainn
an rionnag leugach òir,
gum beirinn oirre 's gun cuirinn i
gu ciallach 'na mo phòc?

I did not take a cross's death
in the hard extremity of Spain
and how then should I expect
the one new prize of fate?

I followed only a way
that was small, mean, low, dry, lukewarm,
and how then should I meet
the thunderbolt of love?

But if I had the choice again
and stood on that headland,
I would leap from heaven or hell
with a whole spirit and heart.

XXIX
Dogs and Wolves

Across eternity, across its snows,
I see my unwritten poems,
I see the spoor of their paws dappling
the untroubled whiteness of the snow:
bristles raging, bloody-tongued,
lean greyhounds and wolves
leaping over the tops of the dykes,
running under the shade of the trees of the wilderness,
taking the defile of narrow glens,
making for the steepness of windy mountains;
their baying yell shrieking
across the hard barenesses of the terrible times,
their everlasting barking in my ears,
their onrush seizing my mind:
career of wolves and eerie dogs
swift in pursuit of the quarry,
through the forests without veering,
over the mountain-tops without sheering;
the mild mad dogs of poetry,
wolves in chase of beauty,
beauty of soul and face,

Cha d' ghabh mise bàs croinn-ceusaidh
an èiginn chruaidh na Spàinn
is ciamar sin bhiodh dùil agam
ri aon duais ùir an dàin?

Cha do lean mi ach an t-slighe chrìon
bheag ìosal thioram thlàth,
is ciamar sin a choinnichinn
ri beithir-theine ghràidh?

Ach nan robh 'n roghainn rithist dhomh
's mi 'm sheasamh air an àird,
leumainn à neamh no iutharna
le spiorad 's cridhe slàn.

XXIX
Coin is Madaidhean-allaidh

Thar na sìorraidheachd, thar a sneachda,
chì mi mo dhàin neo-dheachdte,
chì mi lorgan an spòg a' breacadh
gile shuaimhneach an t-sneachda:
calg air bhoile, teanga fala,
gadhair chaola 's madaidhean-allaidh
a' leum thar mullaichean nan gàrradh,
a' ruith fo sgàil nan craobhan fàsail,
a' gabhail cumhang nan caol-ghleann,
a' sireadh caisead nan gaoth-bheann;
an langan gallanach a' sianail
thar loman cruaidhe nan àm cianail,
an comhartaich bhiothbhuan 'na mo chluasan,
an deann-ruith a' gabhail mo bhuadhan:
rèis nam madadh 's nan con iargalt
luath air tòrachd an fhiadhaich
tro na coilltean gun fhiaradh,
thar mullaichean nam beann gun shiaradh;
coin chiùine caothaich na bàrdachd,
madaidhean air tòir na h-àilleachd,
àilleachd an anama 's an aodainn,

a white deer over hills and plains,
the deer of your gentle beloved beauty,
a hunt without halt, without respite.

XXX

A Bolshevik who never gave heed
to queen or to king,
if we had Scotland free,
Scotland equal to our love,
a white spirited generous Scotland,
a beautiful happy heroic Scotland,
without petty paltry foolish bourgeoisie,
without the loathsomeness of capitalists,
without hateful crass graft,
the mettlesome Scotland of the free,
the Scotland of our blood, the Scotland of our love,
I would break the legitimate law of kings,
I would break the sure law of the wise,
I would proclaim you queen of Scotland
in spite of the new republic.

XXXII

Let me lop off with sharp blade every grace
that your beauty put in my verse,
and make poems as bare and chill
as Liebknecht's death or slavery,
let me burn every tree branch
that grew joyous above grief,
and put the people's anguish
in the steel of my lyric.

XXXV

Come before me, gentle night,
starred blue sky and dew,
though there is not purged from any airt
the world's poverty and Spain's shivering cry,
a night when Maol Donn sings
a "ceòl mòr" of gentleness on the mountain,

fiadh geal thar bheann is raointean,
fiadh do bhòidhche ciùine gaolaich,
fiadhach gun sgur gun fhaochadh.

XXX

'S mi 'm Bhoilseabhach nach tug suim
riamh do bhànrainn no do rìgh,
nan robh againn Alba shaor,
Alba co-shìnte ri ar gaol,
Alba gheal bheadarrach fhaoil,
Alba àlainn shona laoch,
gun bhùirdeasachd bhig chrìon bhaoith,
gun sgreamhalachd luchd na maoin',
's gun chealgaireachd oillteil chlaoin,
Alba aigeannach nan saor,
Alba 'r fala, Alba 'r gaoil,
bhristinn lagh dligheach nan rìgh,
bhristinn lagh cinnteach shaoi,
dh'èighinn nad bhànrainn Albann thu
neo-ar-thaing na Poblachd ùir.

XXXXII

Sgatham le faobhar-rinn gach àilleachd
a chuir do bhòidhche 'nam bhàrdachd,
's dèanam dàin cho lom aognaidh
ri bàs Liebknecht no daorsa;
loisgeam gach meanglan craoibhe
a dh'fhàs aoibhneach thar duilghe
's cuiream deuchainn an t-sluaigh
an iarann-cruadhach mo dhuain.

XXXV

Thig am chomhair, oidhche chiùin,
gorm reultachd adhair agus driùchd,
ged nach glanar bho aon àird
bochdainn saoghail, gaoir na Spàinn;
oidhche is Maol Donn a' seinn
ceòl mòr ciùine air a' bheinn,

a night with my love in her beauty,
a night whose completeness hides
from my own eyes the shadow
I cast on the horizon;
come to me blue and round,
and I will thoughtlessly comprehend
the piercing music of Maol Donn's theme.

XLII
Shores

If we were in Talisker on the shore
where the great white mouth
opens between two hard jaws,
Rubha nan Clach and the Bioda Ruadh,
I would stand beside the sea
renewing love in my spirit
while the ocean was filling
Talisker bay forever:
I would stand there on the bareness of the shore
until Prishal bowed his stallion head.

And if we were together
on Calgary shore in Mull,
between Scotland and Tiree,
between the world and eternity,
I would stay there till doom
measuring sand, grain by grain,
and in Uist, on the shore of Homhsta
in presence of that wide solitude,
I would wait there forever
for the sea draining drop by drop.

And if I were on the shore of Moidart
with you, for whom my care is new,
I would put up in a synthesis of love for you
the ocean and the sand, drop and grain.
And if we were on Mol Stenscholl Staffin
when the unhappy surging sea dragged

oidhche is mo ghaol 'na lì,
oidhche air nach fhaicear mi
lem shùilean fhìn, a chionn lànachd,
a' cur dubhair air an fhàire:
thig am chomhair gorm, cruinn,
is cuiridh mi air dòigh gun shuim
gathadh ùrlair ciùil Maoil Duinn.

XLII
Tràighean

Nan robh sinn an Talasgar air an tràigh
far a bheil am beul mòr bàn
a' fosgladh eadar dà ghiall chruaidh,
Rubha nan Clach 's am Bioda Ruadh,
sheasainn-sa ri taobh na mara
ag ùrachadh gaoil 'nam anam
fhad 's a bhiodh an cuan a' lìonadh
camas Thalasgair gu sìorraidh:
sheasainn an siud air lom na tràghad
gu 'n cromadh Priseal a cheann àigich.

Agus nan robh sinn cuideachd
air tràigh Chalgaraidh am Muile,
eadar Alba is Tiriodh,
eadar an saoghal 's a' bhiothbhuan,
dh'fhuirichinn an siud gu luan
a' tomhas gainmhich bruan air bhruan.
Agus an Uibhist air tràigh Hòmhstadh
fa chomhair farsaingeachd na h-ònrachd,
dh'fheithinn-sa an siud gu sìorraidh
braon air bhraon an cuan a' sìoladh.

Agus nan robh mi air tràigh Mhùideart
còmhla riut, a nodhachd ùidhe,
chuirinn suas an co-chur gaoil dhut
an cuan 's a' ghaineamh, bruan air bhraon dhiubh.
'S nan robh sinn air Mol Steinnseil Stamhain
's an fhairge neo-aoibhneach a' tarraing

the boulders and threw them over us,
I would build the rampart wall
against an alien eternity grinding (its teeth).

XLIII
But for you the Cuillin would be
an exact and serrated blue rampart
girdling with its march-wall
all that is in my fierce heart.

But for you the sand
that is in Talisker compact and white
would be a measureless plain to my expectations
and on it the spear desire would not turn back.

But for you the oceans
in their unrest and their repose
would raise the wave-crests of my mind
and settle them on a high serenity.

And the brown brindled moorland
and my reason would co-extend –
but you imposed on them an edict
above my own pain.

And on a distant luxuriant summit
there blossomed the Tree of Strings,
among its leafy branches your face,
my reason and the likeness of a star.

nan ulbhag is gan tilgeil tharainn,
thogainn-sa am balla daingeann
ro shìorraidheachd choimhich 's i framhach.

XLIII

Mur b' e thusa bhiodh an Cuilithionn
'na mhùr eagarra gorm
a' crioslachadh le bhalla-crìche
na tha 'nam chridhe borb.

Mur b' e thusa bhiodh a' ghaineamh
tha 'n Talasgar dùmhail geal
'na clàr biothbhuan do mo dhùilean,
air nach tilleadh an rùn-ghath.

'S mur b' e thusa bhiodh na cuantan
'nan luasgan is 'nan tàmh
a' togail càir mo bhuadhan,
ga cur air suaimhneas àrd.

'S bhiodh am monadh donn riabhach
agus mo chiall co-shìnt' –
ach chuir thusa orra riaghladh
os cionn mo phianaidh fhìn.

Agus air creachainn chèin fhàsmhoir
chinn blàthmhor Craobh nan Teud,
'na meangach duillich t' aodann,
mo chiall is aogas rèil.

XLVI

We are together, dear,
alone in Edinburgh,
and your serene kind face
hides the hurt of your wounds.
I have as my share of you
a beautiful head and a torn body.

My misery is small tonight
beside the evil of your wounded body,
but with your misery my love
turns to white leaping flame,
burning in the turmoil of my head
my memory of the other,
of a more fortunate and more lovely one
who is married over in Ireland.

XLVII

Remorse after the kisses
wounding me all the night:
that the pride of my love
is mocking your unhappy fate;
that the young strength of my body
was mocking the cause of your sorrow,
and your sad beauty going away, a ghost
on the grey broken road of your agony.

Why, God, did I not get the chance
before the young Lowlander tore your bloom,
before your beauty was made a thing of pity,
and before a golden banner was laid to the ground?

O God, the beauty of the garden,
though the grey canker is under the sheen of its blossoms,
which will not stay for the yellow gratitude of autumn
since time and root and top are plucked.

XLVI

Tha sinn còmhla, a ghaoil,
leinn fhìn ann an Dùn Èideann,
is t' aodann suaimhneach còir
a' falach leòn do chreuchdan.
Tha agamsa mar chuibhreann dhìot
ceann grinn is colainn reubte.

Is beag mo thruaighe-sa a-nochd
seach olc do cholainn creuchdaich,
ach le do thruaighe-sa tha m' ghaol
air dhol 'na chaoir ghil leumraich,
a' losgadh am bruaillean mo chinn
mo chuimhne air an tèile,
air tè nas rathaile 's nas bòidhche
's i pòsta thall an Èirinn.

XLVII

Aithreachas an deaghaidh nam pòg
ga mo leòn fad na h-oidhche:
gu bheil uabhar mo ghaoil
a' magadh air do chor mì-aoibhneach;
gu robh neart òg mo cholainn
a' fanaid air adhbhar do thùrsa,
is t' àilleachd bhròin a' falbh 'na manadh
air rathad briste glas do chiùrraidh.

Carson, a Dhia, nach d' fhuair mi 'n cothrom,
mun d' shrac an t-òigear Goill do bhlàth,
mun d' rinneadh culaidh-thruais dhed bhòidhche
's mun d' leagadh suaithneas òir ri làr?

A Dhia, 's e bòidhche a' ghàrraidh
ged tha 'n giamh glas fo lì nam blàth,
nach fhan ri buidheachas an fhoghair
on bhuaineadh tìm is bun is bàrr.

XLIX

My boat was under sail and the Clàrach
laughing against its prow,
my left hand on the tiller
and the other in the winding of the sheet-rope.

On the second thwart to windward,
darling, you sat near me,
and your lit rope of hair
about my heart, a winding of gold.

God, if that course had been
to the destination of my desire,
the Butt of Lewis would not
have sufficed for my boat under sail.

L

Grief is only a nothing
and love is only a crumb
in the face of the stars extending
and the Earth going round.

And the many millions of years
since the Earth has gone as a flame
and the many million times
its course has encircled love.

What do I care for its circuits,
for its distant ancient course,
since it will not give with its sunlight
any kind of permanence to my love!

Let it romp for the race of its permanence
through the grey fields of the skies
since it cannot be triumphantly fashioned
as a form of love to my reason.

Since there is no heed of our desires
in the perverse eternal circlings,

XLIX

Bha 'm bàt' agam fo sheòl 's a' Chlàrach
a' gàireachdaich fo sròin,
mo làmh cheàrr air falmadair
's an tèile 'n suaineadh sgòid.

Air dara tobhta 'n fhuaraidh
shuidh thu, luaidh, 'nam chòir
agus do ròp laist' cuailein
mum chrìdh 'na shuaineadh òir.

A Dhia, nan robh an cùrsa ud
gu mo cheann-uidhe deòin,
cha bhiodh am Bùta Leòdhasach
air fòghnadh do mo sheòl.

L

Chan eil anns a' bhròn ach neoni
's chan eil anns a' ghaol ach bruan
fa chomhair nan reul a' sgaoileadh
's an saoghal a' dol 'na chuairt.

Agus liuthad millean bliadhna
on thriall an Talamh 'na chaoir
agus liuthad millean iadhadh
a thug e le thriall air gaol.

Dè dhòmhsa a mhillean iadhadh,
dè dhòmhsa a chian chùrs' aost
a chionn nach toir e le ghrian-leus
gnè shìorraidheachd do mo ghaol!

Seatadh e fad rèis a bhuantachd
tro chluaintean glasa nan speur
a chionn nach dealbhar le buaidh e
'na chumadh luaidhe dom chèill!

A chionn nach eil suim dar miannan
anns an iadhadh bhiothbhuan chlaon,

I do not heed its hundreds
or millions of tales of love.

If the face of my love could be
beautiful and lasting forever
I would defy Time with its powers
with its novelty and paean of growth.

LIV

You were dawn on the Cuillin
and benign day on the Clàrach,
the sun on his elbow in the golden stream
and the white rose that breaks the horizon.

Glitter of sails on a sunlit firth,
blue of the sea and aureate sky,
the young morning in your head of hair
and in your clear lovely cheeks.

My jewel of dawn and night
your face and your dear kindness,
though the grey stake of misfortune is
thrust through the breast of my young morning.

LV

I do not see the sense of my toil
putting thoughts in a dying tongue
now when the whoredom of Europe
is murder erect and agony;
but we have been given the million years,
a fragment of a sad growing portion,
the heroism and patience of hundreds
and the miracle of a beautiful face.

chan eil mo shuim-sa ra chiadan
no mhilleanan sgialachd gaoil.

Nam b' urrainn aodann mo luaidhe
bhith àlainn is buan gu bràth
bheirinn dùbhlan do Thìm le bhuadhan
le nodhachd 's luathghair fàis.

LIV
Bu tu camhanaich air a' Chuilithionn
's latha suilbhir air a' Chlàraich,
grian air a h-uilinn anns an òr-shruth
agus ròs geal bristeadh fàire.

Lainnir sheòl air linne ghrianaich,
gorm a' chuain is iarmailt àr-bhuidh,
an òg-mhadainn 'na do chuailean
's 'na do ghruaidhean soilleir àlainn.

Mo leug camhanaich is oidhche
t' aodann is do choibhneas gràdhach,
ged tha bior glas an dòlais
tro chliabh m' òg-mhaidne sàthte.

LV
Chan fhaic mi fàth mo shaothrach
bhith cur smaointean an cainnt bhàsmhoir,
a-nis is siùrsachd na Roinn Eòrpa
'na murt stòite 's 'na cràdhlot;
ach thugadh dhuinn am millean bliadhna
'na mhìr an roinn chianail fhàsmhoir,
gaisge 's foighidinn nan ciadan
agus mìorbhail aodainn àlainn.

LVII

A face haunts me,
following me day and night,
the triumphant face of a girl
is pleading all the time.

It is saying to my heart
that a division may not be sought
between desire and the substance
of its unattainable object;

that mischance will not come on beauty
in spite of the growth of failings
because a day that has declined
is as free as the day tomorrow;

and that this period of time is
above every change and denial
that will shout insurrection
against its rule tomorrow;

because it now is
that its form and being will always be,
and that change cannot
maim its unity;

that the choice of the eye's desire
is as eternal as the secret thoughts
that have taken their lasting shape
in new words;

that it is quite as full of grace
as the art of the two Patricks
though it may not be expressed
by melody or cut stone,

and though the pictured board may not
offer its shape and colour

LVII

Tha aodann ga mo thathaich,
ga mo leantainn dh'oidhche 's latha:
tha aodann buadhmhor nìghne
's e sìor agairt.

Tha e labhairt ri mo chridhe
nach fhaodar sgaradh a shireadh
eadar miann agus susbaint
a' chuspair dho-ruighinn,

nach tig tubaist air àilleachd
a dh'aindeoin cinntinn nam fàilling
a chionn gu bheil là aomte
cho saor ri là màireach,

agus gu bheil an tràth seo
os cionn gach caochlaidh 's àicheidh
a nì ceannairc èigheach
ra rèim a-màireach,

a chionn gu bheil i 'n-dràsta
gum bi 'cruth 's a bith gu bràth ann
agus nach urrainn caochladh
a h-aonachd a mhàbadh,

gu bheil roghainn miann na sùla
cho biothbhuan ris na rùintean
a ghabh an cumadh sìorraidh
am briathran ùra,

gu bheil i ceart cho àghmhor
ri ealain an dà Phàdraig
ged nach cuir an cèill i
ceòl rèidh no clach gheàrrte,

's ged nach fhaod clàr dealbha
a cruth 's a dreach a thairgsinn

to the new generations
without the smooring that perverts.

O face, face, face,
will you lose, will you lose the wonder
with which your beauty has seized
a generous joy?

If stone or board will not take your likeness,
what will the art of music or verse do
if there is no way of putting this time
in a circumscribed predicament;

if there is no way of checking
this hour and holding it
in the sand of change
with the fluke of an anchor,

before it raises the new sails
on a course to oblivion
and before its sails are lost
to the sight of eye.

O face that is haunting me,
beautiful face that is speaking,
will you go away with this time
in spite of your pleading?

When the hoard of every memory decays
that will give you love or thought or care,
will you lose the delight of your unity,
vain and forgotten?

For you I would never seek
any lastingness for your beauty
but what would render it complete
exactly as it is.

do na gineil ùra
gun smùradh coirbte.

O aodainn, aodainn, aodainn,
an caill, an caill thu 'n t-ioghnadh
leis na ghlac do bhòidhche
sòlas faoilidh?

Mur gabh clach no clàr do shamhladh
dè nì ealaidh chiùil no ranntachd
mur eil seòl an tràth seo
chur an càs staimhte,

mur eil seòl air bacadh
na h-uarach seo 's a glacadh
an gainmhich a' chaochlaidh
le faobhar acrach,

mun tog i na siùil ùra
gu dìochuimhne air chùrsa
's mun caillear a brèidean
bho lèirsinn sùla?

O aodainn a tha gam thathaich,
aodainn àlainn a tha labhairt,
an triall thu leis an àm seo
neo-ar-thaing t' agairt?

Nuair chrìonas tasgadh gach cuimhne
a bheir gaol no smuain no suim dhut,
an caill thu mealladh t' aonachd
's tu faoin gun chuimhn' ort?

Chan iarrainn-sa gu bràth dhut
aon bhiothbhuantachd do t' àilleachd
ach na liùbhradh slàn i
dìreach mar a tha i.

I would not seek the action of music
that speaks many things to one's care:
I would not ask for one new thing
that I myself did not see in your face.

And painted board would give
memory only one gleam
though a third of your graces were kept
stored in its colours.

Thus, o time and face,
you must be always together
so that at the end of the hour
graces are not surrendered.

O tract of time, when your reign
departs like the troubled mist,
to what newly lit consciousness
will your agitated motion be manifest?

O tract of time, and what ceases
of us with your steps,
where is the course
that will care for us or tell of us?

What was and what is now of us,
though they would last forever,
how would a tale of them come
from distant shores?

What eye will see them
or what ear will hear them
on their exposed forlorn journey
beyond a mind's thoughts?

What is the fourth dimension
that will bring this beauty to the ken
of eye, reason or any sense-perception
over the wastes of the abyss?

Chan iarrainn gnìomhachd a' chiùil
's e ioma-bhriathrach ri ùidh:
chan iarrainn aon ni ùr
nach fhaca mi fhìn nad ghnùis.

Agus cha tugadh clàr dathte
do chuimhne ach aon aiteal
ged chùmteadh trian ded bhuadhan
'na thuar an tasgadh.

Mar sin, a thràth is aodainn,
feumar ur cuideachd daonnan
los nach bi 'n ceann na h-uarach
buadhan aomte.

A thràth de thìm, nuair dh'fhalbhas
do rèim mar an allacheo,
dè am breannachadh ùr-laist'
don diùchd t' fhalbhan?

O thràth de thìm, 's na thrèigeas
dhinne le do cheuman,
càit a bheil an cùrsa
bheir ùidh dhuinn no sgeul oirnn?

Na bha, 's na tha an-dràsta,
ged mhaireadh iad gu bràth dhinn,
ciamar thigeadh sgeul orr'
bho chèin-thràighean?

Dè 'n t-sùil a nì am faicinn
no chluas a nì an claisteachd
's iad air turas faondraidh
bhàrr smaointean aigne?

Ciod e an ceathramh seòl-tomhais
a bheir an àilleachd seo fa chomhair
sùla, reusain no aon chàileachd
thar fhàsaichean glomhair?

And what sense beyond senses
will perceive their beauty
when neither eye nor ear will show it,
nor taste nor touch nor smell,

and when it is not folded
in a living memory or near
the swift-journeying thoughts
that renew their treasure?o

If there is not found, for perception,
one other sense or dimension,
will your beauty have form or being
in the bounds of time and the eternal deep?

O face that is haunting me,
O eloquent marvel,
is there any port in time for you
or march-wall but earth?

O shapely human paean,
is there a dimension in the universe
that will give you a greater wholeness
than music, board or lyric?

Though the Red Army of humanity is
in the death-struggle beside the Dnieper,
it is not the deed of its heroism
that is nearest my heart,

but a face that is haunting me,
following me day and night,
the triumphant face of a girl
that is always speaking.

Is dè a' chàil thar chàiltean
a mhothaicheas an àilleachd,
nuair nach nochd sùil no cluas i,
blas, suathadh no fàileadh,

's nuair nach bi i paisgte
an cuimhne bheò no 'm faisge
ris na smuainteannan siùbhlach
a dh'ùraicheas an tasgadh?

Mur faighear, air chor 's gum mothaich,
aon chàil eile no seòl-tomhais,
am bi cruth no bith aig t' àilleachd
an àrainn tìme 's domhain?

O aodainn a tha gam thathaich,
a mhìorbhail a tha labhar,
a bheil aon phort an tìm dhut
no balla-crìch ach talamh?

O luathghair dhaonda chuimir,
a bheil seòl-tomhais sa chruinne
a bheir dhut barrachd slànachd
na ceòl no clàr no luinneag?

Ma tha Arm Dearg a' chinne
an gleac bàis ri taobh an Dniepeir,
chan e euchd a ghaisge
as fhaisg' air mo chridhe,

ach aodann a tha gam thathaich,
ga mo leantainn dh'oidhche 's latha,
aodann buadhmhor nìghne
's e sìor labhairt.

LIX

Carmichael, I often think
of every treasure you chanced on;
and of your wealth every day
without bitter wrestling and delirium:
that you got the grace and happiness of the Muse
without struggle against loneliness and terror,
and that it will be very different for us
against the venomous blast to windward.

But, Alexander Carmichael,
there came to me without striving
a paean in the fair beauty of a girl's face
in spite of its troubling;
and one day there came to me
a peaceful golden lyric,
complete, as came to you,
flawless, the Hymn of the Graces.

LIX

MhicGille-Mhìcheil, 's tric mi smaointinn
air gach faodail a fhuair thu;
agus do shaidhbhreas gach aon latha
gun charachd gheur, gun bhruaillean:
gun d' fhuair thu àgh is sonas Ceòlraidh
gun ghleac ri ònrachd 's fuathas,
's nach ann mar sin a bhitheas dhuinne
ri sgal guineach an fhuaraidh.

Ach, Alasdair MhicGille-Mhìcheil,
thàinig gun strì dhomh luathghair
ann an geal-mhaise aodann nìghne
a dh'aindeoin brìgh a bhuairidh:
agus air latha thàrladh dhòmhsa
ealaidheachd òir gun luasgan,
's i coileanta, mar thàinig ortsa,
gun mheang, an Ortha Bhuadhach.

From **The Cuillin (1989)**

PART I

The Sgurr Biorach the highest sgurr,
but Sgurr nan Gillean the best sgurr,
the blue-black gape-mouthed strong sgurr,
the tree-like slender horned sgurr,
the forbidding great dangerous sgurr,
the sgurr of Skye above the rest.
My place above every other place
to be on your high shoulder-blades
striving with your rocky great grey throat,
wrestling with hard peaked surging chest.
In the ascent from the corrie,
foot on shelf, finger on little edge,
chest to boulder, mouth to jutty,
on crank step head not dizzy,
tough arm strong unturning
till it grasps the skyline of your fifth peak,
where will break on the struggle's head
the great dim sea of gabbro waves,
knife-edge of high narrow ridges,
belt of the dark steel surge:
an ocean whose welter is tight in rocks,
its yawning mouths permanent in narrow chasms,
its spouting everlasting in each turret,
its swelling eternal in each sgurr.
I see the noble island in its storm-showers
as Big Mary saw in her yearning,
and in the breaking of mist from the Garsven's head
creeping over desolate summits,
there rises before me the plight of my kindred,
the woeful history of the lovely island.

... I was one day on Sgurr a' Ghreadaidh,
standing on the high notched knife-edge,
looking down on the Corrie of Solitude,
through the mist surging around me,

84]

Bho **An Cuilithionn** (1989)

EARRANN I

An Sgurra Biorach sgùrr as àirde
ach Sgurra nan Gillean sgùrr as fheàrr dhiubh,
an sgurra gorm-dhubh craosach làidir,
an sgurra gallanach caol cràcach,
an sgùrr iargalta mòr gàbhaidh,
an sgurra Sgitheanach thar chàich dhiubh.
Gun tigeadh dhòmhsa thar gach àite
bhith air do shlinneanan àrda
a' strì ri do sgòrnan creagach sàr-ghlas,
mo ghleac rid uchd cruaidh sgorrach bàrcach.
Anns an dìreadh bhon choire,
cas air sgeilpe, meur air oireig,
uchd ri ulbhaig, beul ri sgorraig,
air ceum corrach ceann gun bhoile;
gaoirdean righinn treun gun tilleadh
gu ruig fàire do chòigeimh bidein
far am brist air ceann na spàirne
muir mhòr chiar nan tonn gàbro,
roinn nan dromannan caola àrda,
an crios-onfhaidh dorcha stàilinn:
cuan 's a luasgan teann an creagan,
a chraosan maireann an caol-eagan,
a spùtadh sìorraidh anns gach turraid,
a bhàrcadh biothbhuan anns gach sgurra.
Chì mi 'n sàr-eilean 'na shiantan
mar chunnaic Màiri Mhòr 'na h-iargain,
's an sgaoileadh ceò bho cheann na Gàrsbheinn
ag èaladh air creachainnean fàsa,
's ann dhiùchdas dhòmhsa càs mo chàirdean,
eachdraidh bhrònach an eilein àlainn.

... Latha dhomh air Sgùrr a' Ghreadaidh,
'na mo sheasamh air an roinn àird eagaich,
ag amharc sìos air Coire 'n Uaigneis
tro bhàrcadh a' cheò mun cuairt orm,

in a breaking of the drift
a glimmer of gold shone on the wings
of an eagle passing down below
beside the flanking walls;
and to me above the glory of all birds
the golden glimmer of the Skye bird.
I turned, and north and north-west
there was Minginish in her enchanted beauty,
and green Bracadale,
Duirinish and Trotternish beyond.
The beauty of the great Island rose before me;
it rose, but the bullet whizzed:
how will this love keep its hold
on the icy rock of the world?

. . .

PART II
Rocky terrible Cuillin,
you are with me in spite of life's horror.
The first day I ascended your black wall
I thought the judgement was descending;
the first day I kissed your cheek
its likeness was the face of the Great Flood;
the first day I kissed your mouth
Hell opened its two jaws;
the first day I lay on your breast
I thought I saw the loading
of the heavy swift skies
for the destructive shaking of the earth.
Reaching the blade-back of Bruach na Frithe,
I came in sight of the savageness of the country:
a heavy black-red mantle of the clouds,
the storm winds in their mouths;
about the girdling summits of the awesome sgurrs
a dun opening in the firmament
under the low red-black dense pall
of brindled dark surly clouds,
congregation of the horrors of the elements,
gathering of the storms for exercise;

ann am bristeadh an t-siabain
dheàlraich aiteal òir air sgiathan
iolaire dol seachad shìos ann
ri taobh nam ballachan cliathaich;
is dhòmhsa thar glòir gach eunlaith
aiteal òir an eòin Sgitheanaich.
Thionndaidh mi, 's a tuath 's an iar-thuath
bha Minginis 'na bòidhche sheunta
agus Bràcadal uaine;
Diùrainis is Tròndairnis bhuaipe.
Dhiùchd dhomh bòidhche an t-sàr-Eilein,
dhiùchd ach thàinig sian a' pheileir:
ciamar a chumas an gaol seo
grèim air creig dheighe 'n t-saoghail?
. . .

EARRANN II
A Chuilithinn chreagaich an uabhais,
tha thusa mar rium dh'aindeoin fuathais.
A' chiad la dhìrich mi do mhùr dubh
shaoil leam am Breitheanas bhith tùirling;
a' chiad la phòg mi do ghruaidh
b' e choimeas fiamh an Tuile Ruaidh;
a' chiad la phòg mi do bheul
dh'fhosgail Iutharn a dhà ghiall;
a' chiad là laigh mi air t' uchd-sa
ar leam gum faca mi an luchdadh
aig na speuran troma, falbhaidh
gu crith sgriosail na talmhainn.
'S mi ruigheachd rinn-dhruim Bruach na Frìthe
nochd mi allaidheachd na tìre:
brat trom, dubh-dhearg air na neòil,
doineannachd nan gaoth 'nam beòil.
Mu bhàrr cearcall nan sgùrr iargalt
fosgladh lachdann anns an iarmailt
fo bhrat ìosal, dearg-dhubh, dùmhail
nan sgòth riabhach, dorcha, mùgach,
coitheanal uabhais nan dùilean,
cruinneachadh nan sian gu lùth-chleas.

hurricane clangour of every blast
about the grim savage pinnacles;
shaking and quivering of the yelling blast
about the battlements of every grey bare-swept summit.
The sides and thighs of the Cuillin
stripped naked for the giant wrestling
with no flesh on them but the scree
thrown headlong in cairns
from hip and knees
down to the depth of the gloomy abysses.
Compared with the giant Son of Cuillin,
neither Goll nor Fionn nor monster
devised by man's imagination
was more than a louse on a beetle's back
compared with Cuchulain in his war gear.
What likeness knee or calf,
chest, thigh or mortal shoulder
to the ramparts of grim precipices
black with ice or with cold wet ooze,
to the heaving chest of the high mountain bluffs
surging in proud crags
like the mother-breasts of the world
erect with the universe's concupiscence.
I saw the horn of Sgurr Dearg
rising in furious challenge
in the haste of the skies;
and throwing the stars in spindrift
the trinity of the Sguman risen.

. . .

PART VII

. . .

Far, far distant, far on a horizon,
I see the rocking of the antlered Cuillin,
beyond the seas of sorrow, beyond the morass of agony,
I see the white felicity of the high-towered mountains.

> Who is this, who is this on a bad night,
> who is this walking on the moorland?

Srannaich ghailleannach gach sgala
mu na biodan gruamach, allaidh,
crathadh is crith na h-osaig-èighich
mu bhaidealan gach creachainn lèithe,
sliosan is slèistean a' Chuilithinn
lom, nochdte ri gleac an fhuirbidh,
gun de dh'fheòil orra ach an sgàirneach
a thilgeadh comhair a cinn 'na càrnaich
bho do chruachann 's bho do ghlùinean
sìos gu grunnd nan glomhar ùdlaidh.
Ris an fhaobairne, Mac Cuilithinn,
cha robh Goll no Fionn no uilebheist
a dheachdadh le mac-meanmna daonda
ach mar mhial air druim na daolaig
ri Cù Chulainn 'na arm-aodach.
Dè an coimeas glùn no calpa,
uchd, sliasaid no guala thalmhaidh
ri ballachan nan stalla gruamach
dubh le deigh no snighe fuaraidh,
ri uchdaich nam fireach àrda
'nan creagan uamharra bàrcadh
mar chìochan-màthar an t-saoghail
stòite 's an cruinne-cè ri gaoladh.
Chunnaic mi Adharc an Sgùrr Dheirg
ag èirigh ann an dùbhlan feirg
anns an deifir bh' air na speuran,
's 'nan cathadh a thilgeil nan reultan
trianaid an Sgùmain air èirigh.

. . .

EARRANN VII

. . .

Fada, cian fada, fada air fàire
chì mi tulgadh a' Chuilithinn chràcaich,
thar marannan dòlais, thar mòinteach àmhghair,
chì mi geal-shuaimhneas nan stuadh-bheann àrda.

> Cò seo, cò seo oidhche dhona,
> cò seo a' coiseachd air a' mhonadh?

The steps of a spirit by my side
and the soft steps of my love:

footsteps, footsteps on the mountains,
murmur of footsteps rising,
quiet footsteps, gentle footsteps,
stealthy mild restrained footsteps.

Who is this, who is this on a night of woe,
who is this walking on the summit?
The ghost of a bare naked brain
cold in the chill of vicissitude.

Who is this, who is this in the night of the spirit?
It is only the naked ghost of a heart,
a spectre going alone in thought,
a skeleton naked of flesh on the mountain.

Who is this, who is this in the night of the heart?
It is the thing that is not reached,
the ghost seen by the soul,
a Cuillin rising over the sea.

Who is this, who is this in the night of the soul,
following the veering of the fugitive light?
It is only, it is only the journeying one
seeking the Cuillin over the ocean.

Who is this, who is this in the night of mankind?
It is only the ghost of the spirit,
a soul alone going on mountains,
longing for the Cuillin that is rising.

Beyond the lochs of the blood of the children of men,
beyond the frailty of plain and the labour of the mountain,
beyond poverty, consumption, fever, agony,
beyond hardship, wrong, tyranny, distress,
beyond misery, despair, hatred, treachery,
beyond guilt and defilement: watchful,
heroic, the Cuillin is seen
rising on the other side of sorrow.

Ceumannan spioraid ri mo thaobh
agus ceumannan ciùin mo ghaoil,

ceumannan, ceumannan air na slèibhtean,
monmhar cheumannan ag èirigh:
ceumannan fiata, ceumannan ciùine,
ceumannan èalaidh socair mùinte.

Cò seo, cò seo oidhche dunaidh,
cò seo a' coiseachd air a' mhullach?
Tannasg eanchainne luime nochdte,
fuar ri aognaidheachd an torchairt.

Cò seo, cò seo oidhche 'n spioraid?
Chan eil ach tannasg lom cridhe,
manadh leis fhèin a' falbh a' smaointinn,
cliabh feòil-rùiste air an aonach.

Cò seo, cò seo oidhche chridhe?
Chan eil ach an nì do-ruighinn,
an samhla a chunnaic an t-anam,
Cuilithionn ag èirigh thar mara.

Cò seo, cò seo oidhche 'n anama
a' leantainn fiaradh an leòis fhalbhaich?
Chan eil, chan eil ach am falbhan
a' sireadh a' Chuilithinn thar fairge.

Cò seo, cò seo oidhche chinne?
Chan eil ach samhla an spioraid,
anam leis fhèin a' falbh air slèibhtean,
ag iargain a' Chuilithinn 's e 'g èirigh.

Thar lochan fala clann nan daoine,
thar breòiteachd blàir is strì an aonaich,
thar bochdainn, caitheimh, fiabhrais, àmhghair,
thar anacothruim, eucoir, ainneairt, ànraidh,
thar truaighe, eu-dòchais, gamhlais, cuilbheirt,
thar ciont is truaillidheachd, gu furachair,
gu treunmhor chithear an Cuilithionn
's e 'g èirigh air taobh eile duilghe.

'She to whom I gave . . .'

She to whom I gave all love
gave me no love in return;
though my agony was for her sake,
she did not understand the shame at all.

But often in the thoughts of night
when my mind is a dim wood,
a breeze of memory comes, stirring the foliage,
putting the wood's assuagement to unrest.

And from the depths of my body's wood,
from sap-filled root and slender branching,
there will be the heavy cry: why was her beauty
like a horizon opening the door to day?

If I Go Up to Yonder Town

I went down to yonder town
with the sentence of my death in my hand.
I myself wrote it on my heart
as ransom for my darling's state:
I was going to a war
and she was bruised and wretched,
with no lover in the wide world
who would care for what she had of grace.

I went down to yonder town
with the sentence of my death in my hand
written with two wrongs:
the great wrong of the Nazis
and the great wrong of her misery:
two wrongs that were agreeing
that I should stay on the battlefield
since my own girl was exposed
to a pain for which beauty is no respite.

'An tè dhan tug mi . . .'

An tè dhan tug mi uile ghaol,
cha tug i gaol dhomh air a shon;
ged a chiùrradh mise air a sàillibh,
cha do thuig i 'n tàmailt idir.

Ach tric an smuaintean na h-oidhch'
an uair bhios m' aigne 'na coille chiar,
thig osag chuimhne 'gluasad duillich,
a' cur a furtachd gu luasgan.

Agus bho dhoimhne coille chuim,
o fhreumhach snodhaich 's meangach meanbh,
bidh 'n eubha throm: carson bha h-àille
mar fhosgladh fàire ri latha?

Ma Thèid Mi Suas don Bhail' Ud Shuas

Chaidh mi sìos don bhail' ud shìos
is binn mo bhàis 'nam làimh.
Sgrìobh mi fhìn i air mo chridhe
an èirig mar a bha mo luaidh:
mise falbh a dh'ionnsaigh blàir
is ise breòite truagh,
gun leannan air an t-saoghal mhòr
a bheireadh ùidh da buaidh.

Chaidh mi sìos don bhail' ud shìos
is binn mo bhàis 'nam làimh,
's i sgrìobhte le dà eucoir:
eucoir mhòr nan Nàsach
is eucoir mhòr a truaighe:
dà eucoir a bha 'g aonadh
gum fuirichinn anns an àraich
's mo nighean fhìn air faondradh
ri pian nach faothaich àilleachd.

William Ross and I

I am not at all related
to William Ross though I pretended
that my case is like his case,
being jealous of the musical chiselling
of words which is a marvel in his poetry.

He dying of consumption,
leaving love and 'the hubbub of the young',
and his Marion going over the sea,
going away in the joy of her beauty
with another man and leaving him.

Though the loveliest face
that I ever saw on woman,
generous heart and intelligent head,
is married to another man in Ireland,
that is not now my desolation,
but the one who gave me love,
the love for myself, the tortured love
that her heart gave out of her mutilated body.

Who else got its like
from woman on earth or in story?

It is that I got it that destroyed me.
Since no more is to be had,
and my fair love's body ruined,
and useless – without a use in the world –
it's that that put my love to seed
with the vain brushwood of poetry
manured with her mutilated body.

Uilleam Ros is Mi Fhìn

Chan eil mise càirdeach idir
do dh'Uilleam Ros ged leig mi orm
gu bheil mo chàs-sa mar a chàs-san,
's mi 'g iadach ris na briathran geàrrte
ceòlmhor as mìorbhail 'na bhàrdachd.

Esan a' bàsachadh sa chaitheamh,
a' fàgail gaoil is 'gàir nan òg'
is a Mhòr a' dol thar sàile,
a' falbh an aoibhneas a h-àilleachd
le fear eile is ga fhàgail.

Ged tha an t-aodann as àille
a chunnaic mise riamh air nighinn –
an cridhe uasal 's ceann na cèille –
pòst' aig fear eile 'n Èirinn,
chan e sin a-nis mo lèireadh,
ach an tè a thug an gaol dhomh,
an gaol dhomh fhìn, an gaol cràiteach,
a thug a cridhe à com màbte.

Cò eile fhuair a leithid
o mhnaoi air thalamh no an sgeulachd?
'S e gun d' fhuair mi e a lèir mi.
O nach eil an còrr ra fhaotainn
is colainn mo ghaoil ghil air faondradh,
is gun fheum – gun fheum saoghail –
's e chuir mo ghaol-sa gu laomadh
leis a' bharrach fhaoin bhàrdachd
's e mathaichte l' a colainn mhàbte.

The Prodigal Son

I do not yet know
if it was pride or love
that made my gifts so prodigal
and you not stretched by my side.

When your body was a wretched thing,
that was when I threw the rein
about the rounded neck of that rash stallion,
for the rush of desires had stopped.

My flesh became a turmoil of spirit
when your body had no strength:
I gave you the beautiful soul
when your frail body decayed.

That was the lustful dream
that my spirit had with you in the clouds,
you lying with me in the skies
when the profit of your flesh had failed.

The Nightmare

One night of the two years
when I thought my love was maimed
with a flaw as bad as a woman
has had since Eve's generation,
we were together in a dream
beside the stone wall
that is between the boys'
and girls' playgrounds of my first school.
She was in my arms
and my mouth was going to her lips
when the loathsome head started
suddenly from behind the wall;
and the long foul dim fingers
seized my throat in a sudden grip,
and the words of despair followed:
'You are too late, you fool.'

Am Mac Stròidheil

Chan eil fhios agamsa fhathast
am b' e 'n t-àrdan no an gaol
a dh'fhàg mo ghibht cho stròidheil
's gun thu sìnte ri mo thaobh.

Nuair bha do cholainn-sa 'na truaghan,
sin an uair a leig mi 'n t-srian
mu amhaich chruinn an àigich bhrais ud,
òir thàinig stad air ruathar mhiann.

'S ann chaidh m' fheòil 'na bruaillean spioraid
nuair bha do cholainn-sa gun chlì:
thug mi dhut an t-anam àlainn
nuair a chnàmh do cholainn chrìon.

'S gum b' e siud an aisling chonnain
a bh' aig mo spiorad riut sna neòil
's tu laighe mar rium anns na speuran
nuair thrèig an tairbhe bha 'na t' fheòil.

An Trom-laighe

Oidhche dhen dà bhliadhna
nuair shaoil mi gun do chreuchdadh
mo luaidh le giamh cho miosa
's a bh' air mnaoi bho linn Eubha,
bha sinn còmhla am bruadar
ri taobh a' bhalla chloiche
tha eadar cluich-ghart ghillean
is nighean mo chiad sgoile.
Bha i eadar mo làmhan
's mo bheul a' dol ga bilibh
nuair sraon an ceann oillteil
bho chùl a' bhalla 'n clisgeadh;
is rinn na cràgan ciara
fada breuna mo sgòrnan
a ghlacadh an grèim obann
's lean briathran an eu-dòchais:
'Tha thu, ghloidhc, air dheireadh.'

Springtide

Again and again when I am broken
my thought comes on you when you were young,
and the incomprehensible ocean fills
with floodtide and a thousand sails.

The shore of trouble is hidden
with its reefs and the wrack of grief,
and the unbreaking wave strikes
about my feet with a silken rubbing.

How did the springtide not last,
the springtide more golden to me than to the birds,
and how did I lose its succour,
ebbing drop by drop of grief?

Going Westwards

I go westwards in the Desert
with my shame on my shoulders,
that I was made a laughing-stock
since I was as my people were.

Love and the greater error,
deceiving honour, spoiled me,
with a film of weakness on my vision,
squinting at mankind's extremity.

Far from me the Island
when the moon rises on Quattara,
far from me the Pine Headland
when the morning ruddiness is on the Desert.

Camas Alba is far from me
and so is the bondage of Europe,
far from me in the North-West
the most beautiful grey-blue eyes.

Reothairt

Uair is uair agus mi briste
thig mo smuain ort is tu òg,
is lìonaidh an cuan do-thuigsinn
le làn-mara 's mìle seòl.

Falaichear cladach na trioblaid
le bhodhannan is tiùrr a' bhròin
is buailidh an tonn gun bhristeadh
mum chasan le suathadh sròil.

Ciamar nach do mhair an reothairt
bu bhuidhe dhomh na do na h-eòin,
agus a chaill mi a cobhair
's i tràghadh boinn' air bhoinne bròin?

Dol an Iar

Tha mi dol an iar san Fhàsaich
is mo thàmailt air mo ghuaillean,
gun d' rinneadh a' chùis-bhùrta dhìom
on a bha mi mar bu dual dhomh.

An gaol 's an t-iomrall bu mhotha,
an onair mheallta, mo mhilleadh,
le sgleò na laige air mo lèirsinn,
claonadh an èiginn a' chinne.

'S fhada bhuamsa an t-Eilean
is gealach ag èirigh air Catàra,
's fhada bhuam an Àird Ghiuthais
is rudhadh maidne air an Fhàsaich.

Tha Camas Alba fada bhuam
agus daorsa na Roinn-Eòrpa,
fada bhuam san Àird an Iar-thuath
na sùilean glas-ghorma 's bòidhche.

Far from me the Island
and every loved image in Scotland,
there is a foreign sand in History
spoiling the machines of the mind.

Far from me Belsen and Dachau,
Rotterdam, the Clyde and Prague,
and Dimitrov before a court
hitting fear with the thump of his laugh.

Guernica itself is very far
from the innocent corpses of the Nazis
who are lying in the gravel
and in the khaki sand of the Desert.

There is no rancour in my heart
against the hardy soldiers of the Enemy,
but the kinship that there is among
men in prison on a tidal rock

waiting for the sea flowing
and making cold the warm stone;
and the coldness of life is
in the hot sun of the Desert.

But this is the struggle not to be avoided,
the sore extreme of humankind,
and though I do not hate Rommel's army,
the brain's eye is not squinting.

And be what was as it was,
I am of the big men of Braes,
of the heroic Raasay MacLeods,
of the sharp-sword Mathesons of Lochalsh;
and the men of my name – who were braver
when their ruinous pride was kindled?

'S fhada bhuamsa an t-Eilean
agus gach ìomhaigh ghaoil an Alba,
tha gainmheach choigreach anns an Eachdraidh
a' milleadh innealan na h-eanchainn.

'S fhada bhuam Belsen 's Dachau,
Rotterdam is Cluaidh is Pràga,
is Dimitrov air beulaibh cùirte
a' bualadh eagail le ghlag gàire.

Tha Guernica fhèin glè fhada
bho chuirp neoichiontach nan Nàsach
a tha 'nan laighe ann an greabhal
's an gainmhich lachdainn na Fàsaich.

Chan eil gamhlas 'na mo chridhe
ri saighdearan calma 'n Nàmhaid

ach an càirdeas a tha eadar
fir am prìosan air sgeir-thràghad,

a' fuireach ris a' mhuir a' lìonadh
's a' fuarachadh na creige blàithe,
agus fuaralachd na beatha
ann an grèin theth na Fàsaich.

Ach 's e seo an spàirn nach seachnar,
èiginn ghoirt a' chinne-daonna,
's ged nach fuath leam armailt Roimeil,
tha sùil na h-eanchainn gun chlaonadh.

Agus biodh na bha mar bha e,
tha mi de dh'fhir mhòr' a' Bhràighe,
de Chloinn Mhic Ghille Chaluim threubhaich,
de Mhathanaich Loch Aills nan geurlann,
agus fir m' ainme – cò bu trèine
nuair dh'fhadadh uabhar an lèirchreach?

Heroes

I did not see Lannes at Ratisbon
nor MacLennan at Auldearn
nor Gillies MacBain at Culloden,
but I saw an Englishman in Egypt.

A poor little chap with chubby cheeks
and knees grinding each other,
pimply unattractive face –
garment of the bravest spirit.

He was not a hit 'in the pub
in the time of the fists being closed,'
but a lion against the breast of battle,
in the morose wounding showers.

His hour came with the shells,
with the notched iron splinters,
in the smoke and flame,
in the shaking and terror of the battlefield.

Word came to him in the bullet shower
that he should be a hero briskly,
and he was that while he lasted,
but it wasn't much time he got.

He kept his guns to the tanks,
bucking with tearing crashing screech,
until he himself got, about the stomach,
that biff that put him to the ground,
mouth down in sand and gravel,
without a chirp from his ugly high-pitched voice.

No cross or medal was put to his
chest or to his name or to his family;
there were not many of his troop alive,
and if there were their word would not be strong.
And at any rate, if a battle post stands,

Curaidhean

Chan fhaca mi Lannes aig Ratasbon
no MacGillFhinnein aig Allt Èire
no Gill-Ìosa aig Cùil Lodair,
ach chunnaic mi Sasannach san Èipheit.

Fear beag truagh le gruaidhean pluiceach
is glùinean a' bleith a chèile,
aodann guireanach gun tlachd ann –
còmhdach an spioraid bu trèine.

Cha robh buaidh air 'san taigh-òsta
'n àm nan dòrn a bhith gan dùnadh',
ach leòmhann e ri uchd a' chatha,
anns na frasan guineach mùgach.

Thàinig uair-san leis na sligean,
leis na spealgan-iarainn beàrnach,
anns an toit is anns an lasair,
ann an crith is maoim na h-àraich.

Thàinig fios dha san fhrois pheilear
e bhith gu spreigearra 'na dhiùlnach:
is b' e sin e fhad 's a mhair e,
ach cha b' fhada fhuair e dh'ùine.

Chùm e ghunnachan ris na tancan,
a' bocail le sgreuch shracaidh stàirnich
gus an d' fhuair e fhèin mun stamaig
an deannal ud a chuir ri làr e,
beul sìos an gainmhich 's an greabhal,
gun diog o ghuth caol grànda.

Cha do chuireadh crois no meadal
ri uchd no ainm no g' a chàirdean:
cha robh a bheag dhe fhòirne maireann,
's nan robh cha bhiodh am facal làidir;
's co-dhiù, ma sheasas ursann-chatha,

many are knocked down because of him,
not expecting fame, not wanting a medal
or any froth from the mouth of the field of slaughter.

I saw a great warrior of England,
a poor manikin on whom no eye would rest;
no Alasdair of Glen Garry;
and he took a little weeping to my eyes.

Death Valley

*Some Nazi or other has said that the Fuehrer had restored to German
manhood the 'right and joy of dying in battle'.*

Sitting dead in 'Death Valley'
below the Ruweisat Ridge,
a boy with his forelock down about his cheek
and his face slate-grey;

I thought of the right and the joy
that he got from his Fuehrer,
of falling in the field of slaughter
to rise no more;

of the pomp and the fame
that he had, not alone,
though he was the most piteous to see
in a valley gone to seed

with flies about grey corpses
on a dun sand
dirty yellow and full of the rubbish
and fragments of battle.

Was the boy of the band
who abused the Jews
and Communists, or of the greater
band of those

leagar mòran air a shàillibh
gun dùil ri cliù, nach iarr am meadal
no cop sam bith à beul na h-àraich.

Chunnaic mi gaisgeach mòr à Sasainn,
fearachan bochd nach laigheadh sùil air;
cha b' Alasdair à Gleanna Garadh –
is thug e gal beag air mo shùilean.

Glac a' Bhàis

*Thuirt Nàsach air choreigin gun tug am Furair air ais do fhir na
Gearmailte 'a' chòir agus an sonas bàs fhaotainn anns an àraich'.*

'Na shuidhe marbh an 'Glaic a' Bhàis'
fo Dhruim Ruidhìseit,
gill' òg 's a logan sìos ma ghruaidh
's a thuar grìseann.

Smaoinich mi air a' chòir 's an àgh
a fhuair e bho Fhurair,
bhith tuiteam ann an raon an àir
gun èirigh tuilleadh;

air a' ghreadhnachas 's air a' chliù
nach d' fhuair e 'na aonar,
ged b' esan bu bhrònaiche snuadh
ann an glaic air laomadh

le cuileagan mu chuirp ghlas'
air gainmhich lachdainn
's i salach-bhuidhe 's làn de raip
's de sprùillich catha.

An robh an gille air an dream
a mhàb na h-Iùdhaich
's na Comannaich, no air an dream
bu mhotha, dhiùbhsan

led, from the beginning of generations,
unwillingly to the trial
and mad delirium of every war
for the sake of rulers?

Whatever his desire or mishap,
his innocence or malignity,
he showed no pleasure in his death
below the Ruweisat Ridge.

An Autumn Day

On that slope
on an autumn day,
the shells soughing about my ears
and six dead men at my shoulder,
dead and stiff – and frozen were it not for the heat –
as if they were waiting for a message.

When the screech came
out of the sun,
out of an invisible throbbing,
the flame leaped and the smoke climbed
and surged every way:
blinding of eyes, splitting of hearing.

And after it, the six men dead
the whole day:
among the shells snoring
in the morning,
and again at midday
and in the evening.

In the sun, which was so indifferent,
so white and painful;
on the sand which was so comfortable,
easy and kindly;
and under the stars of Africa,
jewelled and beautiful.

a threòraicheadh bho thoiseach àl
gun deòin gu buaireadh
agus bruaillean cuthaich gach blàir
air sgàth uachdaran?

Ge b' e a dheòin-san no a chàs,
a neoichiontas no mhìorun,
cha do nochd e toileachadh 'na bhàs
fo Dhruim Ruidhìseit.

Latha Foghair

'S mi air an t-slios ud
latha foghair,
na sligean a' sianail mum chluasan
agus sianar marbh ri mo ghualainn,
rag-mharbh – is reòthta mur b' e 'n teas –
mar gum b' ann a' fuireach ri fios.

Nuair thàinig an sgriach
a-mach às a' ghrèin,
à buille 's bualadh do-fhaicsinn,
leum an lasair agus streap an ceathach
agus bhàrc e gacha rathad:
dalladh nan sùl, sgoltadh claistinn.

'S 'na dhèidh, an sianar marbh,
fad an latha;
am measg nan sligean san t-srannraich
anns a' mhadainn,
agus a-rithist aig meadhan-latha
agus san fheasgar.

Ris a' ghrèin 's i cho coma,
cho geal cràiteach;
air a' ghainmhich 's i cho tìorail
socair bàidheil;
agus fo reultan Afraga,
's iad leugach àlainn.

One Election took them
and did not take me,
without asking us
which was better or worse:
it seemed as devilishly indifferent
as the shells.

Six men dead at my shoulder
on an autumn day.

Paradise Lost: the Argument

Book I, lines 1–26

Of man's first disobedience, and the fruit
of that forbidden tree, whose mortal taste
brought death into the world, and all our woe,
with loss of Eden, till one greater Man
restore us, and regain the blissful seat,
sing, Heav'nly Muse, that on the secret top
of Oreb, or of Sinai, didst inspire
that shepherd who first taught the chosen seed
in the beginning how the heav'ns and earth
rose out of Chaos; or if Sion hill
delight thee more, and Siloa's brook that flowed
fast by the oracle of God, I thence
invoke thy aid to my advent'rous song,
that with no middle flight intends to soar
above th' Aonian mount, while it pursues
things unattempted yet in prose or rhyme.
And chiefly thou, O Spirit, that dost prefer
before all temples th' upright heart and pure,
instruct me, for thou know'st; thou from the first
wast present, and with mighty wings outspread
dove-like sat'st brooding on the vast abyss
and mad'st it pregnant: what in me is dark
illumine, what is low raise and support;
that to the highth of this great argument
I may assert Eternal Providence,
and justify the ways of God to men.

Ghabh aon Taghadh iadsan
's cha d' ghabh e mise,
gun fhaighneachd dhinn
cò b' fheàrr no bu mhiosa:
ar leam, cho diabhlaidh coma
ris na sligean.

Sianar marbh ri mo ghualainn
latha foghair.

Pàrras Caillte: an Argamaid

Eadar-theangachadh air *Paradise Lost*, Leabhar 1, Sreathan 1–26

Mu chiad eas-ùmhlachd dhaoine agus meas
na craoibh' ud toirmisgte a thug a blas
bàsail am bàs dhan t-saoghal 's ar n-uile lochd,
is chaill sinn Èden gus an saorar sinn
le neach as moth' air ais dhan chathair àigh,
seinn thusa, Cheòlraidh nèamhaidh, thusa dheachd
air creachainn dhìomhair Òraib no Shinài
an cìobair ud a thug dhad roghainn sluaigh
prìomh oilean mar a dh'èirich talamh 's nèamh
a-mach à neonì; no mas e Sion Beinn
as docha leat, no Silòa an t-allt
tha faisg air teampall Dhè, à sin a-mach
gaiream do chuideachadh dham ranntachd dhàin,
nach àill air iteig mheadhanaich dhol suas
os cionn na Beinn Ahònaidhich 's i 'n tòir
air nì do-fheuchainn ann an rosg no rann.
Ach thusa gu h-àraidh, Spioraid Naoimh, len toil
os cionn gach teampaill cridhe ionraic glan,
thoir teagasg dhomh, oir 's aithne dhut. O thùs
bha thusa làthair, is le sgèith mhòir sgaoilt',
shuidh thu mar chalman air an aigeann mhòir,
ga dèanamh torrach: na tha annam dorcha
soillsich, na tha ìseal tog 's cùm suas
a chum gu àirde mhòir a' chuspair seo
gun dearbh mi freastal Dhè 's gum fìreanaich
mi dhòighean ris an t-sluagh gu lèir.

Lights

When this auburn head lies
on my shoulder and my breast
the dawn of triumph opens
however gloomy the darkness.

A light in the South-East,
Orion over the Greek Mountain,
a light in the South-West,
Venus over the generous Cuillin.

When my lips are on her cheeks
the inter-lunar lords are shining,
a thousand lights low and high,
auburn head and blue eyes.

Culloden 16.IV.1946
(for the Gaelic Society of Inverness)

Though a hundred years are long
and two hundred longer,
memory is threaded
to the temperance of the bones
and to the peace of the dust
that is in Culloden in the battlefield
where the men of Scotland fell
in the undenied heroism;

in the heroism that is not spoiled
with praise or denial,
or if the question is asked
if their cause was magnanimous
and their vision beyond reason
and their spirit over agony
or a blinding bandage on reason
and a witchery on nature.

Solais

Nuair laigheas an ceann ruadh seo
air mo ghualainn 's air mo bhroilleach
fosglaidh camhanaich na buaidhe
air cho gruamach 's a tha 'n doilleir.

Solas anns an Àird an Earraidheas,
an Sealgair thar beinn na Grèige,
solas anns an Àird an Iaras,
Bheunas thar Cuilithionn na fèile.

Nuair tha mo bhilean air a gruaidhean
boillsgidh uachdarain ra-dorcha,
mìle solas shìos is shuas ann,
falt ruadh is sùilean gorma.

Cùil Lodair 16.ɪᴠ.1946
(do Chomann Gàidhlig Inbhir Nis)

Ged as fada ceud bliadhna
is nas fhaide na dhà dhuibh,
tha a' chuimhne 's i fuaighte
ris an stuaim th' aig na cnàmhan
is ri sàmhchair na duslaich
tha 'n Cùil Lodair san àraich
far na thuit fir na h-Albann
anns a' ghaisge nach àichear,

anns a' ghaisge nach millear
leis a' mholadh no 'n t-àicheadh
no ged bhithear ri feòrach
an e mòrachd bu fhàth dhaibh
is an lèirsinn thar tuigse
is an spiorad thar àmhghair,
no dallabhrat air tuigse
agus buidseachd air nàdar.

Was it red Charles Stewart
and the excess of his charm
or the old cause of Scotland
that woke the great sore slaughter
that had no good result in history
for all its pain and satiety of grief
and left in Culloden
the withered branches of anguish?

Lasting withered branches
that gave over their blossoms
to other fields
in the desert of Scotland,
branches blighted without apples,
but only ugly flowers,
and the fields of Scotland
chill and parched, a thing of shame.

The movement of history has given
no proof or denial
in the affair that spoiled
the strong hardy bodies;
no one knows if the breaking
sowed the hateful seed
that spread bracken through glens
where there were benign meadowlands.

Was it the loss at Culloden
that brought the rotting in midwinter
that left the Gaeldom of Scotland
a home without people,
fields haunted by ghosts,
a pasture for sheep,
and that drove beyond the oceans
the worth that was in her people?

It is vain to keep asking
what the young men were thinking:

An e Teàrlach ruadh Stiùbhart
is anabarr a thàlaidh
no seann adhbhar na h-Albann
a dhùisg am marbhadh mòr cràiteach
nach tug deagh bhrìgh air eachdraidh
dh'aindeoin goirteas is sàth-ghal
is a dh'fhàg an Cùil Lodair
geugan crìona a' chràdhloit?

Geugan maireann is crìona
a liubhair am blàthan
do mhachraichean eile
agus Alba 'na fàsaich,
geugan seacte gun ùbhlan
ach flùraichean grànda,
is raointean na h-Albann
fuaraidh craingidh, cùis-nàire.

Cha tug imeachd na h-eachdraidh
an dearbhadh no 'n t-àicheadh
dhan chùis anns na mhilleadh
na cuirp smiorail làidir;
chan eil fhios an e 'm bristeadh
bha cur an t-sìl ghràineil
a sgap fraineach tro ghleanntan
san robh cluaineagan bàidheil.

An e 'n call aig Cùil Lodair
thug an grodadh sna Faoillich
a dh'fhàg Gàidhealtachd na h-Albann
'na dachaigh gun daoine,
'na raoin tathaich aig tannaisg
's 'na h-achadh aig caoraich,
's a ruaig thar nan cuanta
an luach bha 'na daoine?

Is faoin a bhith farraid
dè bha 'm barail nam fiùran:

was Scotland first
or red Charles Stewart;
or did they see as a unity
two things stretched before their eyes,
the honour and happiness of her people
and red Charles Stewart.

If they made the mistake,
they are not blamed by history,
for they avoided the disgrace
of the victors in that strife:
a waste Gaeldom does not
startle the peace and rest
of those strong bodies
that are stretched in this earth.

The distress of the Gaels
could be as it was
if the lost field of Culloden
had been a choice triumph;
but it was a breaking
to the race of the Gaels,
and there grew on this slope
only the withered tree of misfortune.

A Girl and Old Songs

It is you again, overcoming beauty,
with a web of grief and serenity,
with the unattainable stricken thing
that our people fashioned in obscurity
out of hardship and passion,
until there came out of it the marvel,
half of what remains eternal
while an expectation seeks it,
an ear hears it, a voice weaves it
in the web of mysterious words.
And since you are gentle and supremely beautiful,

an e Alba bha 'n toiseach
no Teàrlach ruadh Stiùbhart:
no am fac' iad mar aonachd
dà nì sgaoilte fon sùilean,
urram 's sonas a sluaigh-se
is Teàrlach ruadh Stiùbhart.

Ma rinn iadsan a' mhearachd,
chan eil eachdraidh gan dìteadh,
oir sheachain iadsan am masladh
th' air na shoirbhich san t-strì ud:
chan eil Gàidhealtachd fhaondrach
a' cur sraonaidh san t-sìothaimh
tha aig na cuirp lùthmhor
tha san ùir seo 'nan sìneadh.

Dh'fhaodadh àmhghar nan Gàidheal
a bhith mar a bha e
is blàr caillte Chùil Lodair
'na roghainn buaidh-làraich.
Ach 's e bh' ann ach am bristeadh
do chinneadh nan Gàidheal
is cha d' dh'fhàs air an raon seo
ach craobh sheargte an ànraidh.

Nighean is Seann Òrain

'S tu th' ann a-rithist, àille bhuadhmhor,
le filleadh àmhghair agus suaimhneis,
leis an nì do-ruighinn buailte
a dheilbh ar daoine anns an uaigneas,
às an anacothrom 's às a' bhuaireadh,
gus na dhiùchd às am mìorbhail,
dàrna leth na dh'fhanas sìorraidh
fhad 's a mhaireas dùil g' a iarraidh,
cluas g' a chluinntinn, 's guth a shnìomhas
ann am filleadh bhriathran dìomhair.
Agus on tha thu ciùin is àlainn,

opening and closing in low song,
forsaking, coming back, denying,
rising, turning and descending;
and though I cannot derive you
on mountain or shore or in wood,
as my people used to do
in Skye or in Mull,
or in Raasay of the MacLeods
or in Canada in exile,
you take my thoughts from me
because there is not to be seen on you
the relative misery that is on every other face
that is seen by me on this side.
You are as if there were no oppression
of time or distance on your druid band,
as if you avoided the drowning wave
with which the unebbing sea strikes;
and as if there were shaken off you that weariness
that is in the mountain that may not be climbed
and whose gleaming white summit is not to be seen
for the mist on high top stretched.

Who rises in the morning
and sees a white rose in the mouth of the day?
And who casts an eye in the twilight
to see the red rose in the sky:
more than one foliage on the skies,
the two that last on the branches?
Who sees ships on the Sound of Islay
and does not come to meet Cairistiona?
Who sees a ship in the sea of Canna,
a ship that does not strive with white furrows,
that does not seek the harbour
that not one will ever reach,
her back to the land of Clan Ranald
or to the land of Mac Gille Chaluim?

fosgladh 's a' dùnadh sa mhànran,
a' trèigsinn 's a' tilleadh 's ag àicheadh,
ag èirigh 's a' tionndadh 's a' teàrnadh;
's ged nach urrainn dhomh do shloinneadh
air beinn, air cladach no air coille,
mar a b' àbhaist do mo chuideachd
san Eilean Sgitheanach no am Muile,
no an Ratharsair nan Leòdach
no an Canada air fògradh,
's ann a bheir thu bhuam mo smuaintean
do bhrìgh 's nach fhaicear ort an truaighe
chosamhlach a th' air gach aogas
eile chithear leam san taobh seo;
's ann a tha thu mar nach claoidheadh
triall no tìm do cheangal draoidhteach,
mar gun seachnadh tu 'mhuir-bhàthte
leis am buail an cuan gun tràghadh;
's mar gun crathteadh dhìot an sgìths ud
th' anns a' bheinn nach gabh a dìreadh,
's nach fhaicear a mullach lì-gheal
leis a' cheò air creachainn sìnte.

Cò a dh'èireas anns a' mhadainn
's a chì ròs geal am beul an latha?
'S cò a bheir an t-sùil sa chiaradh
gu 'm faic e 'n ròs dearg san iarmailt:
duilleach no dhà air na speuran,
an dà tha buan air na geugan?
Cò chì luingeas air Caol Ìle
nach tig an coinneamh Cairistìona?
No cò chì long sa Chuan Chanach
nach eil a' strì ri sgrìoban geala,
nach eil ag iarraidh gus a' chala
nach ruig tè seach tè ra maireann,
a cul air tìr Mhic Mhic Ailein,
no air tìr Mhic Ghille Chaluim?

Hallaig

'Time, the deer, is in the wood of Hallaig'

The window is nailed and boarded
through which I saw the West
and my love is at the Burn of Hallaig,
a birch tree, and she has always been

between Inver and Milk Hollow,
here and there about Baile-chuirn:
she is a birch, a hazel,
a straight, slender young rowan.

In Screapadal of my people
where Norman and Big Hector were,
their daughters and their sons are a wood
going up beside the stream.

Proud tonight the pine cocks
crowing on the top of Cnoc an Ra,
straight their backs in the moonlight –
they are not the wood I love.

I will wait for the birch wood
until it comes up by the cairn,
until the whole ridge from Beinn na Lice
will be under its shade.

If it does not, I will go down to Hallaig,
to the Sabbath of the dead,
where the people are frequenting,
every single generation gone.

They are still in Hallaig,
MacLeans and MacLeods,
all who were there in the time of Mac Gille Chaluim:
the dead have been seen alive.

Hallaig

'Tha tìm, am fiadh, an coille Hallaig'

Tha bùird is tàirnean air an uinneig
trom faca mi an Àird an Iar
's tha mo ghaol aig Allt Hallaig
'na craoibh bheithe, 's bha i riamh

eadar an t-Inbhir 's Poll a' Bhainne,
thall 's a-bhos mu Bhaile Chùirn:
tha i 'na beithe, 'na calltainn,
'na caorann dhìrich sheang ùir.

Ann an Sgreapadal mo chinnidh,
far robh Tarmad 's Eachann Mòr,
tha 'n nigheanan 's am mic 'nan coille
a' gabhail suas ri taobh an lòin.

Uaibhreach a-nochd na coilich ghiuthais
a' gairm air mullach Cnoc an Rà,
dìreach an druim ris a' ghealaich –
chan iadsan coille mo ghràidh.

Fuirichidh mi ris a' bheithe
gus an tig i mach an Càrn,
gus am bi am bearradh uile
o Bheinn na Lice fa sgàil.

Mura tig 's ann theàrnas mi a Hallaig
a dh'ionnsaigh Sàbaid nam marbh,
far a bheil an sluagh a' tathaich,
gach aon ghinealach a dh'fhalbh.

Tha iad fhathast ann a Hallaig,
Clann Ghill-Eain's Clann MhicLeòid,
na bh' ann ri linn Mhic Ghille Chaluim:
chunnacas na mairbh beò.

The men lying on the green
at the end of every house that was,
the girls a wood of birches,
straight their backs, bent their heads.

Between the Leac and Fearns
the road is under mild moss
and the girls in silent bands
go to Clachan as in the beginning,

and return from Clachan,
from Suisnish and the land of the living;
each one young and light-stepping,
without the heartbreak of the tale.

From the Burn of Fearns to the raised beach
that is clear in the mystery of the hills,
there is only the congregation of the girls
keeping up the endless walk,

coming back to Hallaig in the evening,
in the dumb living twilight,
filling the steep slopes,
their laughter a mist in my ears,

and their beauty a film on my heart
before the dimness comes on the kyles,
and when the sun goes down behind Dun Cana
a vehement bullet will come from the gun of Love;

and will strike the deer that goes dizzily,
sniffing at the grass-grown ruined homes;
his eye will freeze in the wood,
his blood will not be traced while I live.

Na fir 'nan laighe air an lèanaig
aig ceann gach taighe a bh' ann,
na h-igheanan 'nan coille bheithe,
dìreach an druim, crom an ceann.

Eadar an Leac is na Feàrnaibh
tha 'n rathad mòr fo chòinnich chiùin,
's na h-igheanan 'nam badan sàmhach
a' dol a Chlachan mar o thùs.

Agus a' tilleadh às a' Chlachan,
à Suidhisnis 's à tir nam beò;
a chuile tè òg uallach
gun bhristeadh cridhe an sgeòil.

O Allt na Feàrnaibh gus an fhaoilinn
tha soilleir an dìomhaireachd nam beann
chan eil ach coitheanal nan nighean
a' cumail na coiseachd gun cheann.

A' tilleadh a Hallaig anns an fheasgar,
anns a' chamhanaich bhalbh bheò,
a' lìonadh nan leathadan casa,
an gàireachdaich 'nam chluais 'na ceò,

's am bòidhche 'na sgleò air mo chridhe
mun tig an ciaradh air na caoil,
's nuair theàrnas grian air cùl Dhùn Cana
thig peilear dian à gunna Ghaoil;

's buailear am fiadh a tha 'na thuaineal
a' snòtach nan làraichean feòir;
thig reothadh air a shùil sa choille:
chan fhaighear lorg air fhuil rim bheò.

Two MacDonalds

You big strong warrior,
you hero among heroes,
you shut the gate of Hougomont.
You shut the gate, and behind it
your brother did the spoiling.
He cleared tenants in Glengarry –
the few of them left –
and he cleared tenants about Kinloch Nevis,
and he cleared tenants in Knoydart.
He was no better than the laird of Dunvegan.
He spoiled Clan Donald.

What did you do then,
you big strong hero?
I bet you shut no gate
in the face of your bitch of a brother.

There was in your time
another hero of Clan Donald,
the hero of Wagram, Leipzig, Hanau.
I have not heard that he cleared
one family by the Meuse
or by any other river,
that he did any spoiling
of French or of MacDonalds.

What a pity that he did not come
over with Bonaparte!
He would not clear tenants
for the sake of the gilded sheep,
nor would he put a disease
in the great valour of Clan Donald.

What a pity that he was not
Duke of the Land of the Barley
and Prince of Caledonia!
What a pity that he did not come
over with Bonaparte

Dà Dhòmhnallach

'Na do ghaisgeach mòr làidir,
nad churaidh measg nan curaidhean,
dhùin thu geata Hougomont.
Dhùin thu 'n geata 's air a chùlaibh
rinn do bhràthair an spùilleadh.
Thog e tuath an Gleann Garadh,
am beagan a bh' air fhàgail dhiubh,
is thog e tuath mu Cheann Loch Nibheis
is thog e tuath an Cnòideart.
Cha b' fheàrr e na Fear Dhùn Bheagain:
rinn e milleadh air Cloinn Dòmhnaill.

Dè rinn thusa 'n uair sin,
a churaidh mhòir làidir?
Feuch na dhùin thu aon gheata
an aodann do ghalla bràthar?

Bha ann rid linn-sa fear eile,
curaidh eile de Chloinn Dòmhnaill,
curaidh Bhàgram, Leipsich, Hanau.
Cha chuala mi gun do thog esan
aon teaghlach mun Mheuse
no mu abhainn eile.
Cha d' rinn esan milleadh
air Frangaich no air Dòmhnallaich.

Nach bochd nach tàinig esan
le Bonaparte a-nall.
Cha thogadh esan tuath
air sgàth nan caorach òraidh,
's cha mhò chuireadh esan gaiseadh
ann an gaisge mhòir Chloinn Dòmhnaill.

Nach bochd nach robh esan
'na dhiùc air Tìr an Eòrna
is 'na phrionns' air Albainn.
Nach bochd nach tàinig esan
le Bonaparte a-nall

twenty years before he did,
not to listen to flannel
from that creeper Walter
nor to gather the dust
from the old ruin
but to put the new vigour
in the remnant of his kinsmen!

What a pity that he did not come
to succour his kinsmen!

A Memory of Alexander Nicolson, One of My Uncles

Looking at the Cuillin from Corcul
with the copper and the red
and the dark-grey blue its canopy,
I remember you who are dead.

Your foot was on every outcrop
and on every dim blue pinnacle
since Skye was the estate
that was always your choice.

The gapped wall of the Cuillin
a firm rampart to your ideal,
your banners on every peak
and your voice in the breeze of its skies.

The red hollow a glowing fire
between Glamaig and Ben Lee,
your foot on every ridge
and your voice in the unstriving peace.

Your spirit had them all –
Dunscaith and the Cave of Gold –
but the blue Cuillin of the Island
was the curtain wall about your store.

fichead bliadhna mun tàinig,
cha b' ann a dh'èisteachd sodail
on t-sliomaire sin Bhàtar
no a chruinneachadh na h-ùrach
às an t-seann làraich,
ach a chur an spionnaidh ùrair
ann am fuidheall a chàirdean.

Nach bochd nach tàinig esan
gu cobhair air a chàirdean.

Cuimhne air Alasdair MacNeacail, Bràthair Mo Mhàthar

'S mi coimhead a' Chuilithinn à Corcal
agus an copar 's an dearg
's an dubh-ghlas gorm 'na bhrat-mullaich,
tha mo chuimhne ort 's tu marbh.

Bha do chas air gach creagan
's air gach bidean gorm ciar
a chionn gum b' e Clàr Sgìthe 'n oighreachd
a bha nad roghainn-sa riamh.

Balla beàrnach a' Chuilithinn
'na mhùr daingeann aig do spèis,
do bhrataichean air gach sgurra
's do ghuth an osaig a speur.

A' ghlac dhearg 'na grìosaich theine
eadar Glàmaig is Beinn Lì
's tu fhèin 's do chas air gach bearradh
's do ghuth san t-sàmhchair gun strì.

Bha iad uile aig do spiorad –
Dùn Sgàthaich agus Uamh an Òir –
ach b' e Cuilithionn gorm an Eilein
am balla dìon a bha mud stòr.

A Ruined Church

There is a ruin of a church in the Ross of Mull
in which there has not been a congregation
or a religious service since the day
Inverkeithing was fought.

The day when the pride of our clan
took the high jump into the permanent;
the standing-jump that spoiled them,
that left their oak an aspen.

A day is cut to permanence
as marble and gold are cut:
in the shortness is the stretching
on which love and pride take hold.

Life is long in the memory of death
when a deed cuts the body's life:
Niall Buidhe young in the bed of dust,
and Red Hector in the heavy clay.

But what of the hundreds of others
of whom scores were quite as high
in spirit as their chief
or as the brother of the bard?

Funeral in Clachan

We left the corpse in Clachan
but where did the soul go?

The Catechist's mouth said not a word
whether the way was white or black,

but according to preaching and confession
there was no more to be said:

there was not a sign on his bearing
that he was born anew.

Làrach Eaglais

The làrach eaglais san Ros Mhuileach
anns nach robh luchd-èisteachd
no seirbheis cràbhaidh on latha
a chuireadh Inbhir Chèitein.

Latha 'n tug uabhar ar cinnidh
an leum àrd anns a' bhiothbhuan,
an cruinn-leum a rinn am milleadh,
a dh'fhàg an darach 'na chritheann.

Gearrar latha gu ruig buantachd
mar a ghearrar màrmor 's òr,
anns a' ghiorrad tha an sìneadh
air am beir an gaol 's a' phròis.

Tha beatha fada 'n cuimhne bàis
nuair ghearras euchd a' bheatha chuim:
Niall Buidhe òg san leabaidh ùrach
's Eachann Ruadh an crèadhaich thruim.

Ach dè mu na ceudan eile
is ficheadan dhiubh cheart cho àrd
anns an spiorad rin ceann-cinnidh
is ri bràthair a' bhàird?

Tìodhlacadh sa Chlachan

Dh'fhàg sinn an corp anns a' Chlachan
ach càit an deachaidh an t-anam?

Cha duirt beul a' Cheisteir guth
an robh an t-slighe geal no dubh.

Ach, a rèir teagaisg 's aidmheil,
cha robh an còrr ann ri chantainn.

Cha robh aon chomharradh air a ghiùlan
gun tàinig a' Bhreith às Ùr air.

And according to the Apostle Paul
he did not get Grace though he was kind.

The man was just and generous,
warm-hearted, honourable and friendly,

but what was the good of the best virtue of them
if the man went in the state of Nature?

His lot was an eternity without hope,
the wrath of God in the fearful pit,

flames about that grey head,
the foul worm and the eternal woe.

His kinsmen in the flesh were
putting the turfs on him decently,

but when they left the turf smooth
their talk was fishing, stock and crops.

And though the tears fell
the state of the soul was not their grief,

but the grief of family and kin,
a grief that grew from the state of Nature.

There was not a man in the audience
but took his creed from Geneva.

There was not a man in the band
who did not subscribe to the whole creed;

but before they left the graveyard
many a man understood the real distress.

Almost all the company understood
a thing that one would not whisper to himself alone:

that not a third of a third believed
in the lasting Hell of their creed.

Agus, a rèir an Abstoil Pòl,
cha d' fhuair e gràs ged a bha e còir.

Bha an duine ceart is bàidheil,
teò-chridheach, onarach is càirdeil.

Ach dè b' fhiach gach beus a b' fheàrr dhiubh
ma dh'fhalbh an duine an Staid Nàdair!

B' e chuibhreann sìorraidheachd gun dòchas,
corraich Dhè san t-sloc dhòbhaidh.

Lasraichean mun cheann liath ud,
a' chnuimh bhreun 's an dosgainn shìorraidh.

Bha chàirdean a thaobh na feòla
a' cur nan ceap air gu dòigheil.

Ach nuair a dh'fhàg iad rèidh am fàl
b' e 'n còmhradh iasgach, stoc is bàrr.

Agus ged a thuit na deòir,
cha b' e cor an anama 'm bròn,

ach bròn teaghlaich agus chàirdean,
bròn a chinnich à Staid Nàdair.

Cha robh duine anns an èisteachd
nach tug a chreud à Sineubha;

cha robh duine anns a' bhuidhinn
nach do dh'aidich an creud uile.

Ach mun d' fhàg iad an cladh
thuig iad fhèin an fhìor dhragh.

Agus thuig gach fear sa chòmhlan
nì nach seanaiseadh e ri ònrachd:

nach eil trian de thrian a' creidsinn
ann an Ifrinn bhuan na h-aidmheil.

Creagan Beaga

I am going through Creagan Beaga
in the darkness alone
and the surf on Camas Alba
is a sough on smooth shingle.

The curlew and the plover
are crying down about the Cuil;
and south-east of Sgurr nan Gillean,
Blaven, and the stainless moon.

The light levels the sea flatness
from Rubha na Fainge stretched north,
and the current in Caol na h-Airde
is running south with swift glitter.

In the Big Park

The moon plays hide-and-seek,
gliding among the clouds,
the children chasing one another
among the stooks in the Big Park.

A night in late autumn
when the Election was dimmer
and before the world was
hard straight sharp furrows.

When no boy or girl knew
how many stooks were on the plain,
every stook still mysterious,
before the field was a bare expanse.

The Election was not clear
to us in the Big Park.

Creagan Beaga

Tha mi dol tro Chreagan Beaga
anns an dorchadas leam fhìn
agus an rod air Camas Alba
'na shian air a' mhol mhìn.

Tha 'n guilbirneach 's an fheadag
ag èigheach shìos mun Chùil,
's an earraidheas air Sgùrr nan Gillean,
Blàbheinn, 's a' ghealach gun smùr.

Stràcadh na soillse air clàr mara
o Rubha na Fainge sìnte tuath,
agus an sruth an Caol na h-Àirde
a' ruith gu deas le lainnir luaith.

Anns a' Phàirce Mhòir

Falach-fead aig a' ghealaich,
siubhal-sìdhe measg nan sgòth,
a' chlann a' ruith a chèile
measg adagan sa Phàirce Mhòir.

Oidhche 'n deireadh an fhoghair
nuair bha an Taghadh nas ciaire
's mun robh an saoghal 'na sgrìoban
cruaidhe dìreach giara.

'S gun fhios aig gille no nighinn
cia mhiad adag bh' air an raon,
a h-uile h-adag fhathast dìomhair
mun robh an t-achadh 'na chlàr maol.

Cha robh an Taghadh cho soilleir
is sinne anns a' Phàirce Mhòir.

The Broken Bottle

The broken bottle and the razor
are in the fist and face of the boy
in spite of Auschwitz and Belsen
and the gallows in Stirling
and the other one in Glasgow
and the funeral of (John) Maclean.

The martyrs shout
on each side of the River Clyde,
and a hundred Connollys in Ireland;
and Ulster does not show
that Wolfe Tone followed King William.

Spilt blood and torn flesh
shout about the Easterhouses
and stifle with hard screeches
the voice of the poor martyrs.

Id, Ego and Super-Ego

The symbols went over the escarpment
and the images over the cliff
and they were lost on a wide plain,
on the causeway of the straight road
from which reason sees the truth.

The plain is not at all wide
and the road is twisty,
and though the peaks of the escarpment are
unsteady for sincerity of vision,
the thick heavy wood is no better,
growing out of the bone of the road,
out of my ears, out of my eyes,
out of my mouth, out of my nostrils
and out of every little bit of my skin,
even out of that little part
that is warm above my heart.

Am Botal Briste

Tha 'm botal briste 's an ràsar
an dòrn 's an aodann a' ghill' òig
neo-'r-thaing Auschwitz is Belsen,
a dh'aindeoin na croiche ann an Sruighlea
agus na tèile ann an Glaschu
is tìodhlacadh MhicGill-Eain.

Tha na martairean ag èigheach
air gach taobh de dh'Abhainn Chluaidh,
's ceud Ó Conghaile 'n Èirinn,
's chan eil a choltas air Ulaidh
gun do lean Wolfe Tone Rìgh Uilleam.

Tha fuil dhòirte is feòil reubte
mu na Taighean Seara 'g èigheach
's a' mùchadh le sgreadan cruaidhe
guth nam martairean truagha.

Eadh is Fèin is Sàr-Fhèin

Chaidh na samhlaidhean leis a' bhearradh
agus na h-ìomhaighean thar na creige
is chailleadh iad air machair fharsaing,
air cabhsair an rathaid dhìrich
om faic an reusan an fhìrinn.

Chan eil a' mhachair idir farsaing
agus tha an rathad lùbach,
is ged a tha sgurrachan a' bhearraidh
corrach do threibhdhireas an t-seallaidh,
chan fheàrr a' choille throm dhùmhail
's i fàs a-mach à cnàimh an rathaid,
às mo chluasan, às mo shùilean,
às mo bheul, às mo chuinnlein
's às gach bìdeig dem chraiceann,
eadhon às an roinn bhig sin
a tha blàth os cionn mo chridhe.

The perplexity of the great plain
is as difficult as the peaks of grief.
The plain has no grace
and there is no living in the wood.

The heart, which is such a close relative
of the spirit, will not wait on the plain;
it much prefers
to hang from a piton against the rock-face
with a big man as rope-leader,
Calvin or Pope or Lenin,
or even a lying braggart,
Nietzsche, Napoleon or Kaiser.

Freud is factor of the woodland
(his office is high on a ledge)
and of every incomprehensible estate.
He doesn't much regard the ropesman
(the rope itself a bellows);
sage eye on distant roots,
his ledge in the steep proud rock
defying the restless wood,
the truthful subject wood,
the humble wood that teems
with bitter variegated sweet plants.

Palach

There was a time I thought
if the Red Army came
across Europe
the tryst would not be bitter;
that it would not be with a bonfire
as was seen in Prague,
and that it would not be the heroic student
that would go up in smoke
but the brittle firewood of money

Tha imcheist na machrach mòire
cho doirbh ri sgurrachan na dòrainn.
Chan eil buaidh air a' mhachair
's chan eil bhith beò anns a' choille.

Chan fhuirich an cridhe air a' mhachair;
's mòr as fheàrr leis a' chridhe
('s e cho càirdeach don spiorad)
bhith 'n crochadh air piotan ris an stalla
is fear mòr 'na cheannard ròpa,
Calvin no Pàp no Lenin
no eadhon bragairneach brèige,
Nietzsche, Napoleon, Ceusair.

Tha Freud 'na bhàillidh air a' choille
(tha 'n oifis aige àrd air uirigh)
's air gach oighreachd nach tuigear.
Cha mhoth' airsan fear an ròpa
(an ròp e fhèin 'na bhalg-sèididh):
sùil saoi air freumhaichean cèine;
uirigh sa chreig chais uaibhrich
a' toirt neo-'r-thaing do choille 'n luasgain,
don choille fhìrinnich ìochdraich,
don choille iriosail 's i air laomadh
le luibhean searbha dathte mìlse.

Palach

Bha uair ann a shaoil mi
nan tigeadh an t-Arm Dearg
tarsainn na Roinn-Eòrpa
nach biodh a' chòmhdhail searbh:
nach b' ann le teine-aighir
mar chunnacas ann am Pràg,
's nach b' e an curaidh oileanaich
a rachadh suas 'na smàl,
ach connadh crìon an airgid –

– a splendid heather-burning –
with the lying oil of rulers
daubed on every tip.

There is a ghost or two hill-walking
about this Beltane in gloom.
Bullets in the Père Lachaise
were crackling in their sleep
and guns about the Volga
and blood frozen and hard
in the passes of Guadarrama
and on the bank of the cold Neva.

This little smoke is choking them
and the flame's against the bone,
a gas from Himmler's chamber,
a cloud above Hiroshima
to the spirit in the grip
of the generous heart and heroism,
an argument with smoothies,
polite about the Big House,
a rusting on the chains
above the Tatu-Ho.

There is no text in my words:
there are a dozen Palachs in France.

The National Museum of Ireland

In these evil days,
when the old wound of Ulster is a disease
suppurating in the heart of Europe
and in the heart of every Gael
who knows that he is a Gael,
I have done nothing but see
in the National Museum of Ireland
the rusty red spot of blood,

b' e falaisgear an àigh –
le ola bhrèig nan uachdaran
ga sgliamadh air gach bàrr.

Tha corra shamhla cnocaireachd
mun Bhealltainn seo fo ghruaim.
Bha peilearan sa Phère Lachaise
a' cnagadaich 'nan suain,
is gunnachan mun Bholga
is fuil 's i reòthta cruaidh
am bealaichean Ghuadarrama
's air bruaich an Nèabha fhuair.

An ceòthran seo gan tachdadh
's an lasair ris a' chnàimh,
'na ghas o sheòmar Himmler,
'na neul os cionn Hiroshima
don spiorad a tha 'n sàs
a' chridhe chòir 's an treuntais;
'na argamaid aig sliomairean
's iad cùirteil mun Taigh Mhòr,
'na mheirgeadh air na slabhraidhean
os cionn an Tatu-Hò.

Chan eil ceann-teagaisg 'nam chainnt:
tha dusan Palach anns an Fhraing.

Àrd-Mhusaeum na h-Èireann

Anns na làithean dona seo
is seann leòn Uladh 'na ghaoid
lionnrachaidh 'n cridhe na h-Eòrpa
agus an cridhe gach Gàidheil
dhan aithne gur h-e th' ann an Gàidheal,
cha d' rinn mise ach gum facas
ann an Àrd-Mhusaeum na h-Èireann
spot mheirgeach ruadh na fala

rather dirty, on the shirt
that was once on the hero
who is dearest to me of them all
who stood against bullet or bayonet,
or tanks or cavalry,
or the bursting of frightful bombs:
the shirt that was on Connolly
in the General Post Office of Ireland
while he was preparing the sacrifice
that put himself up on a chair
that is holier than the Lia Fail
that is on the Hill of Tara in Ireland.

The great hero is still
sitting on the chair,
fighting the battle in the Post Office
and cleaning streets in Edinburgh.

At Yeats's Grave

The big broad flagstone of the grave
is on yourself and George your wife
between the sea and Ben Bulben,
between Sligo and Lissadell;
and your marvellous words are
coming in the breeze from every side
with the picture of the young beautiful one
in the television of each field.

The sweet voice on the side of Ben Bulben
from the one shapely young mouth
that took his fame from Dermid
since it was heard on a Green
become a screech with grief
and with the noble anger
and with the generous deeds
that were sweet in the ears of Connolly
and in the ears of his kind.

's i caran salach air an lèinidh
a bha aon uair air a' churaidh
as docha leamsa dhiubh uile
a sheas ri peilear no ri bèigneid
no ri tancan no ri eachraidh
no ri spreaghadh nam bom èitigh:
an lèine bh' air Ó Conghaile
ann an Àrd-Phost-Oifis Èirinn
's e 'g ullachadh na h-ìobairt
a chuir suas e fhèin air sèithear
as naoimhe na 'n Lia Fàil
th' air Cnoc na Teamhrach an Èirinn.

Tha an curaidh mòr fhathast
'na shuidhe air an t-sèithear,
a' cur a' chatha sa Phost-Oifis
's a' glanadh shràidean an Dùn Èideann.

Aig Uaigh Yeats

Tha leac mòr leathann na h-uaghach
ort fhèin 's air Deòrsa do bhean
eadar a' mhuir is Beinn Ghulbain,
eadar an Sligeach 's Lios an Daill;
's tha do bhriathran mìorbhaileach
a' tigh'nn le osaig o ghach taobh
le dealbh na tè òig àlainn
ann an teilifis gach raoin.

An guth binn air slios Beinn Ghulbain
on aon bheul cuimir òg
a thug a chliù o Dhiarmad
on chualas e air Grìne
's air fàs 'na sgread le bròn
agus leis an fheirg uasail
is leis na h-euchdan còire
bu bhinn an cluais Uí Conghaile
's an cluasan a sheòrsa.

You got the chance, William,
the chance for your words,
since courage and beauty
had their flagpoles through your side.
You acknowledged them in one way,
but there is an excuse on your lips,
the excuse that did not spoil your poetry,
for every man has his excuse.

The Lost Mountain

The mountain rises above the wood,
lost in the wood that is lost,
and we have been broken on the board of our sun
since the skies are tight.

Lost in the decline of the wood
the many-coloured images of our aspiration
since the tortured streets will not go
in the wood in a smooth synthesis.

Because Vietnam and Ulster are
heaps on Auschwitz of the bones,
and the fresh rich trees
pins on mountains of pain.

In what eternity of the mind
will South America or Belsen be put
with the sun on Sgurr Urain
and its ridges cut in snow?

Heartbreak is about the mountains
and in the woods for all their beauty,
though the restless sportive blood
rages triumphantly in the young.

The eternity of Dante and of Dugald Buchanan
an old new light to a few,
and the grey nonentity of the dust
a withered brittle comfort to more.

Fhuair thusa 'n cothrom, Uilleim,
an cothrom dha do bhriathran,
on bha a' ghaisge 's a' bhòidhche
's an croinn bhratach tro do chliathaich.
Ghabh thu riutha air aon dòigh,
ach tha leisgeul air do bhilean,
an leisgeul nach do mhill do bhàrdachd,
oir tha a leisgeul aig gach duine.

A' Bheinn air Chall

Tha bheinn ag èirigh os cionn na coille,
air chall anns a' choille th' air chall,
is bhristeadh sinn air clàr ar grèine
on a tha na speuran teann.

Air chall ann an aomadh na coille
ìomhaighean ioma-dhathach ar spèis
a chionn 's nach tèid na sràidean ciùrrte
's a' choille mhaoth an co-chur rèidh.

A chionn 's gu bheil Vietnam 's Ulaidh
'nan torran air Auschwitz nan cnàmh
agus na craobhan saidhbhir ùrar
'nam prìneachan air beanntan cràidh.

Dè 'n t-sìorraidheachd inntinn san cuirear
Ameireaga mu Dheas no Belsen,
agus a' ghrian air Sgùrr Ùrain
's a bhearraidhean geàrrte san t-sneachda?

Tha 'm bristeadh-cridhe mu na beanntan
's anns na coilltean air am bòidhche
ged tha 'n fhuil mhear gu luaineach
air mire bhuadhar san òigridh.

Sìorraidheachd Dhante is Dhùghaill
'na seann solas ùr aig beagan
agus neoni ghlas na h-ùrach
'na comhartachd chrìon phrann aig barrachd.

Paradise without the paradise of his own people,
the perplexity of the little Free Presbyterian boy:
his complaint and silent refusal
blasphemy in the throat of Geneva;

and in the throat of Rome
– though Purgatory is gentler –
the other robber on the tree
and Spartacus with his tortured army.

Elegy for Calum I. MacLean

I

The world is still beautiful
though you are not in it,
Gaelic is eloquent in Uist
though you are in Hallin Hill
and your mouth without speech.

I can hardly think
that a Gael lives
and that you are not somewhere to be found
between Grimsay and the Sound (of Barra),
kindling ancient memory
with kindness and fun,

that you are in Hallin Hill,
and though the company is generous
– as generous as is to be found in any place –
that there is not heard the breaking of laughter
or clang on a golden string.

If you were in Clachan
or on Cnoc an Rà,
you would be among half your kin,
among the straight generous people,
choice MacLeans and MacLeods.
The dust is not weak.

Pàrras gun phàrras a chuideachd,
imcheist a' ghiullain Shaor-Chlèirich,
a ghearan is a dhiùltadh sàmhach
'nan toibheum an amhaich Sineubha;

agus an amhaich na Ròimhe
– ged tha Purgadair nas ciùine –
an robair eile air a' chrann
is Spartacus le armailt chiùrrte.

Cumha Chaluim Iain MhicGill-Eain

I

Tha an saoghal fhathast àlainn
ged nach eil thu ann.
Is labhar an Uibhist a' Ghàidhlig
ged tha thusa an Cnoc Hàllainn
is do bheul gun chainnt.

'S gann as urrainn dhomh smaointinn
gu bheil Gàidheal beò
's nach eil thu 'n àiteigin ri t' fhaotainn
eadar Griomasaigh 's an Caolas,
a' beothachadh na cuimhne aosta
le coibhneas is le spòrs.

Gu bheil thusa an Cnoc Hàllainn,
's ged tha an còmhlan còir
– cho còir 's a gheibhear an àite –
nach cluinnear ann am bristeadh gàire
no gliong air teud an òir.

Nan robh thu anns a' Chlachan
no air Cnoc an Rà,
bhiodh tu am measg leth do chàirdean,
am measg nan daoine dìreach còire,
brod nan Leathanach 's nan Leòdach.
Chan eil an duslach lag.

If you were in Stron Dhuirinish
you would be in a good place,
among the other half of your kin,
among your mother's Nicolsons,
among the big generous men of Braes.
The dust is not weak.

If you were in the other Clachan
that is over here in Lochalsh,
that brave man of your ancestors,
Ruairi Beag of the glittering helmet,
would be proud to move
to let you to his shoulder –
if you were to come over.

I am not acquainted with Hallin Hill
but you are there,
and though there were with you only the Eosag,
the company would be rare and noble –
but that is not scarce.

Since you are not in Clachan
or on Cnoc an Ra,
among the MacLeans and MacLeods,
we left you among Clan Donald.
There is no better place.

Among the brave generous people
you are in the dust.
Since we always liked Clan Donald
we gave them the most generous gift
when we put you in their dust.

To them that have will be given,
even nobleness itself.
We gave you to Uist,
and it was your own choice.
We gave you to Uist,
and it is not the worse of your clay.

Nan robh thu an Sròn Dhiùrainis
bhiodh tu an àite math,
measg an leth eile dhe do chàirdean,
measg Clann MhicNeacail do mhàthar,
measg fir mhòra chòir' a' Bhràighe.
Chan eil an duslach lag.

Nan robh thu anns a' Chlachan eile
tha bhos ann an Loch Aills,
bhiodh am fear treun ud dhe do shinnsre,
Ruairi Beag a' chlogaid dhrìlsich,
moiteil 's e deanamh gluasaid
gu do leigeil-sa ri ghualainn –
nan tigeadh tu a-nall.

Chan eil mi eòlach an Cnoc Hàllainn
ach tha thusa ann,
's ged nach robh cuide riut ach an Eòsag,
b' ainneamh is uasal an còmhlan –
ach chan eil sin gann.

O nach eil thu anns a' Chlachan
no air Cnoc an Rà
measg nan Leathanach 's nan Leòdach,
dh'fhàg sinn thu am measg Chlann Dòmhnaill.
Chan eil àite 's fheàrr.

Measg nan daoine treuna còire
tha thu anns an ùir:
on bu thoigh leinn riamh Clann Dòmhnaill
thug sinn dhaibh a' ghibht bu chòire
nuair chuir sinn thu 'nan ùir.

Dhaibhsan aig a bheil 's ann bheirear,
eadhon an uaisle fhèin:
thug sinn thusa do dh'Uibhist
– 's gum b' e do roghainn fhèin –
thug sinn thusa do dh'Uibhist,
's cha mhiste i do chrè.

II

There is many a poor man in Scotland
whose spirit and name you raised:
you lifted the humble
whom the age put aside.
They gave you more
than they would give to others
since you gave them the zeal
that was a fire beneath your kindness.
They sensed the vehemence
that was gentle in your ways,
they understood the heavy depths of your humanity
when your fun was at its lightest.

You are talked of in Cois Fhairrge
over in Ireland.
Between Cararoe and Spideal
you left many a knot.
You were to the Gaels of Ireland
as one of themselves and of their people.
They knew in you the humanity
that the sea did not tear,
that a thousand years did not spoil:
the quality of the Gael permanent.

You proved in Shetland
and in Sweden
and in Norway
that there is no bitterness in the sea;
that the 'malice' is only a word
that chokes lasting truth.
Since you were a favourite with the Gael
you were a favourite with the Gall.
Since you cared for the man
and did not know guile
or sleekitness or fawning for place,
you made Gaels of the Galls.

II

Tha iomadh duine bochd an Albainn
dhan tug thu togail agus cliù:
's ann a thog thu 'n t-iriosal
a chuir ar linn air chùl.
Thug iad dhutsa barrachd
na bheireadh iad do chàch
on thug thu dhaibh an dùrachd
bu ghrìosach fo do bhàidh.
Mhothaich iadsan an dealas
a bha socair 'na do dhòigh,
thuig iad doimhne throm do dhaondachd
nuair a b' aotruime do spòrs.

Tha sgeul ort an Cois Fhairge
ann an Èirinn thall:
eadar an Ceathramh Ruadh is Spideal
dh'fhàg thu iomadh snaidhm.
Bha thu aig Gàidheil Èirinn
mar fhear dhuibh fhèin 's dhen dream.
Dh'aithnich iad annadsa an fhèile
nach do reub an cuan,
nach do mhill mìle bliadhna:
buaidh a' Ghàidheil buan.

Dhearbh thu ann an Sealtainn
agus anns an t-Suain
agus ann an Lochlann
nach eil seirbhe anns a' chuan;
nach eil sa ghamhlas ach facal
a thachdas fìrinn bhuan.
On bu mhùirnean thu don Ghàidheal
bu mhùirnean thu don Ghall.
On bha t' ùidh anns an duine
's nach b' aithne dhut an fhoill,
no sliomaireachd no sodal stàite,
rinn thu Gàidheil dhe na Goill.

Many of your friends are gone,
many of the great ones of the Gaels.

Duncan of Peninerine
and Donald Roy of Paisley,
and she who gave you the two marvels,
MacCormick's wife from Haclait;
but there is another in Lionacro
for whom you are still alive,
she who did not keep from you the treasure
that was in Trotternish, her home.

Four called Angus have gone,
MacMillan and the two MacLellans,
and one of the Nicolsons:
Uistman, Benbecula men and a Skyeman.
The Skyeman is in Stron Dhuirinish,
one near to you in kinship,
eye of wisdom, mouth of music,
the generous, gentle, strong Angus.

William MacLean is gone,
from whom you got the summit prize,
great pupil of MacPherson,
heir of MacKay and MacCrimmon,
prince in the music of the pipes.

There is a grey-haired one in Drumbuie,
over here in Lochalsh,
who will not forget your talk
and who would not grudge tale or rhyme:
Calum as lasting in his life
as Iain Mac Mhurchaidh of the Cro.

There is another grey-haired one in Barra,
another Calum, mouth of grace,
key of music, and finger of art,
the wide generous warm heart,
head that holds the treasure of our lore,
jewel of Clan Neil and Clan Donald.

Dh'fhalbh mòran dhe do chàirdean,
mòran de dh'uaislean nan Gàidheal.

Dh'fhalbh Donnchadh Pheigh'nn an Aoireann
agus Dòmhnall Ruadh Phàislig,
's an tè on d' fhuair thu an dà mhìorbhail,
Bean MhicCarmaig à Hàclait;
ach tha tèile 'n Lìonacro
dha bheil thu fhathast an làthair,
tè nach do chùm bhuat an stòras
bha an Tròndairnis a h-àrach.

Dh'fhalbh ceathrar air robh Aonghas;
MacMhaoilein 's an dà MhacGill-Fhialain
agus fear de Chloinn MhicNeacail:
Uibhisteach, Badhlaich agus Sgitheanach.
Tha 'n Sgitheanach an Sròn Dhiùrainis,
fear bu dlùth dhut ann an càirdeas,
sùil na tuigse, beul a' chiùil,
Aonghas còir ciùin làidir.

Dh'fhalbh Uilleam MacGill-Eain,
fear on d' fhuair thu bàrr na prìse;
oileanach mòr Mhic a' Phearsain,
tànaistear MhicÀidh 's MhicCruimein,
prìomhair ann an ceòl na pìoba.

Tha fear liath air an Druim Bhuidhe
a-bhos ann an Loch Aills
nach cuir air dhìochain do bhruidheann
's nach sòradh sgeul no rann:
Calum cho maireann dha ri bheò
ri Iain Mac Mhurchaidh anns a' Chrò.

'S tha fear liath eile 'm Barraigh,
Calum eile, beul an àigh,
iuchair a' chiùil is meur na h-ealain,
an cridhe farsaing fialaidh blàth,
ceann sna thaisgeadh leug ar n-eòlais,
àilleagan Chlann Nèill 's Chlann Dòmhnaill.

You were in Spean Bridge
like the best of the MacDonalds,
in Morar and in Arisaig
and in Glen Roy.

In the glens of the Grants,
between Ceannchnoc and Corriemony,
you gave and got the kindness
that grew happily about your steps.

You were in the Ross of Mull
like an unyielding MacLean,
like Lame Hector come home
with his wounds from Inverkeithing.

III
You took the retreat,
little one of the big heart,
you took your refuge behind the wall
where the bent grass of Gaelic is sweetest,
little one of the great heroism.

You took the retreat
to the western edge,
you who did not take the breaking,
you who were never broken,
who reached the mouth of the grave
with your spirit always the victor.

Often do I ask
of my own heart
if it was the creed of Rome
or a rare hardihood in your kind
that put your heroism to its height,
as it were without effort.

Bha thu an Drochaid Aonachain
mar Dhòmhnallach nam buadh,
am Mòrair is an Àrasaig
agus an Gleann Ruaidh.

Ann an glinn nan Granndach,
eadar Ceannachnoc 's Coire Monaidh
fhuair is thug thu 'n coibheas
a dh'fhàs mud cheum le sonas.

Bha thu san Ros Mhuileach
mar Leathanach nach trèigeadh,
mar Eachann Bacach air tigh'nn dhachaigh
l' a leòin à Inbhir Chèitein.

III

Ghabh thu an ratreuta,
fhir bhig a' chridhe mhòir,
ghabh thu do dhìon air cùl a' ghàrraidh
far 'm mìlse muran na Gàidhlig,
fhir bhig an treuntais mhòir.

Ghabh thu an ratreuta
gus an iomall shiar,
thusa nach do ghabh am bristeadh,
nach do bhristeadh riamh,
a ràinig beul na h-uaghach
is do spiorad sìor bhuadhach.

'S tric a bhios mi faighneachd
dhe mo chridhe fhìn
an e creideamh na Ròimhe
no cruadal annasach nad sheòrsa
a chuir do threuntas g' a àirde
mar gum b' ann gun strì.

You dearly bought the pride
that we bought in your death:
for four years without hauteur
you hid from your kin your certainty
that your death was so near.

We dearly bought the pride
that increased with your death:
that your heroism was a marvel
hidden in your fun;
that seldom was seen your like
in such an extremity.

You dearly bought the fishing
when the pain was in your flesh,
when your net was taking in
the gleaming white-bellied salmon, a store;
with the net of your four years of agony
you gave us a pride beyond store.

IV
You were often in Uist,
the island of your barley without stint,
lifting as without effort
the crop that fell to your hand,
your toil hidden in your kindness,
the joyful stooks of your fun.

But another Spring came
and you went over the Sea of Skye.
Did you not go to Uist
with your body at your struggle's end,
did you go home to Uist
to wait for the very end?

I went up Dun Cana
on the Friday before your death,
my eye was only on Uist

Is daor a cheannaich thusa 'n t-uabhar
a cheannaich sinne nad bhàs:
fad cheithir bliadhna gun àrdan
chleith thu do chinnt air do chàirdean
cho faisg 's a bha do bhàs.

Is daor a cheannaich sinne 'n t-uabhar
a mhiadaich le do bhàs:
gu robh do threuntas 'na mhìorbhail
air falach 'na do spòrs;
gur tearc a chunnacas do leithid
ann a leithid de chàs.

Is daor a cheannaich thusa 'n t-iasgach
nuair bha am pianadh na t' fheòil,
nuair thug do lìon a-staigh na bradain
thàrr-gheala lìomhach 'nan stòr;
le lìon do cheithir bliadhna ciùrraidh
thug thu cliù dhuinn thar gach stòir.

IV

'S tric a bha thu 'n Uibhist,
eilean t' eòrna nach bu ghann,
's tu togail mar gun shaothair
am bàrr a thuit gud làimh,
do shaothair air falach anns a' choibhneas,
adagan aoibhneach do spòrs.

Ach thàinig earrach eile
is chaidh thu thar Chuan Sgìthe.
Saoil an deachaidh tu a dh'Uibhist
led chorp an ceann do strìthe?
An deach thu dhachaigh a dh'Uibhist
a dh'fheitheamh ceann na crìche?

Dhìrich mi Dùn Cana
Dihaoine ro do bhàs,
cha robh mo shùil ach air Uibhist

– not as it used to be –
I forgot the Cuillin
looking at Ben More,
at Hecla and Staolaval.
They all grew big.

On the Tuesday after
Peter came with the tale,
with news I saw in his face:
that your brave spirit had gone.
I knew that you went unbroken,
that your victory was without flaw.

On the Friday after
you were carried in concord,
a Campbell and two MacDonalds
leading your course.
Your body was taken to Hallin Hill
under the shade and cover of their music.

Since he was worth their music
they took the MacLean to his Cro,
MacDonald, Campbell, MacCrimmon.
He got a great pomp in Uist.

And the white sand of Hallin Hill
lies lightly on the bones
of him whose great spirit

misfortune did not beat down, though his trial
was for four years beyond telling,
and he at grips with the work of his devotion.

And though he is not in Clachan
in Raasay of the MacLeods,
he is quite as well in Uist.
His debt was great to Clan Donald.

– cha b' ionann 's mar a b' àist –
dhìochainich mi 'n Cuilithionn
's mo shùil air a' Bheinn Mhòir,
air Teacal is air Stadhlabhal.
'S ann dh'fhàs iad uile mòr.

'N Dimàirt sin às a dheaghaidh
thàinig Pàdraig leis an sgeul,
le naidheachd a chunnaic mi 'na aodann:
gun d' fhalbh do spiorad treun.
Bha fhios a'm gun d' fhalbh thu gun bhristeadh,
gu robh do bhuaidh gun bheud.

Air an ath Dhihaoine
bha 'n t-aonadh mu do ghiùlan;
Caimbeulach 's dà Dhòmhnallach
a' treòrachadh do chùrsa.
Thugadh do chorp a Chnoc Hàllainn
fo bhrat is sgàil an ciùil-san.

On a b' fhiach e an ceòl
thug iad an Leathanach da Chrò;
Dòmhnallach, Caimbeulach, MacCruimein:
fhuair e greadhnachas an Uibhist.

Agus tha gainmheach gheal Cnoc Hàllainn
'na laighe gu h-aotrom air cnàmhan
an fhir sin nach do chlaoidh an t-ànradh

a spiorad mòr ged bha a dheuchainn
fad cheithir bliadhna thar innse
's e 'n sàs an obair a dhìlse.

'S ged nach eil e anns a' Chlachan
ann an Ratharsair nan Leòdach,
tha e cheart cho math an Uibhist.
Bu mhòr a chomain air Clann Dòmhnaill.

From The Cave of Gold

I

A man went into the Cave of Gold
and bewailed his lack of three hands,
that two of them were not on the pipes
and the other on the sword.

A cry came from the Cave itself,
the pipes shouting his farewell,
while the young goats and calves
were loud and uncaring on the ridge.

The infants were asleep
or crawling on the soft floors
where no lowing of calf was heard
or kid bleating on the brae.

The eyes of the armed men were
where the blue boat is upturned,
her keel the notched teeth of a saw
between Rubha nan Clach and Glamaig.

Would man or woman understand
the complaint and defiance of the pipes,
and did MacCrimmon himself hear
the whining of the lurking bitch?

What put him where there was
no waiting nor reaching nor returning,
with no voice from sea or land
to tell what was in the quest?

Why did he leave the Land of MacLeod,
the green braes and the lochs,
the headlands, the islands and the shores,
the bread, the flesh and the wine,
and that big boat on the horizon,
the Cuillin where it always was?

Bho Uamha 'n Òir

I

Chaidh fear a-staigh a dh'Uamha 'n Òir
is chaoidh e dhìth gun trì làmhan,
nach robh a dhà dhiubh anns a' phìob
agus an tèile sa chlaidheamh.

Thàinig gaoir on Uamha fhèin,
a' phìob ag èigheach a shoraidh,
ged bha minn bheaga agus laoigh
gu labhar coma air a' bhearradh.

Na mic-uchda anns an t-suain
no màgail air na làir bhoga
far nach cluinnte geum an laoigh
no minn a' meigeadaich air bruthaich.

Sùil nam fear-feachda far a bheil
an t-eathar gorm air a beul fòidhpe,
a druim 'na fiaclan eagach sàibh
eadar Rubha nan Clach is Glàmaig.

An tuigeadh fear no bean no mac
gearan is dùbhlan na pìoba,
agus na thuig MacCruimein fhèin
miolaran na galla liùgaich?

Dè chuir esan far nach robh
fuireach no ruigheachd no tilleadh
's gun aon ghuth o mhuir no tìr
a dh'innse dè bha san t-sireadh?

Carson a dh'fhàg e Dùis MhicLeòid,
na bruthaichean gorma 's na lochan,
na rubhannan, na h-eileanan 's na tràighean,
an t-aran, an fheòil 's am fìon
's an t-eathar mòr ud air an fhàire,
an Cuilithionn far an robh e riamh?

Why did he leave the Land of MacLeod
when the honey and spices were on his lips,
and the bees in his ears,
the love-making, the praise and the music,
the sweet promises and the rewards,
and the soft eloquent words of the drink?

... His Blind was not on the perch
between his heart and his brain,
pounding Nature with a churn-staff,
turning the milk to blood
and the buttermilk to a slush
on the slippery edge of the pit.
...

III

Two men in the Cave of Gold
meditating upon death
and the shapely mouths of the young
being shaped for hundreds of kisses
in the tender growing woods
here and there in the Land of MacLeod
in the warm yellow Beltane.
...

V (fragmentary)

Death is not in the Cave of Gold
at high water or at low
but at the neap tide that comes
when the heart is in two parts
or in pithless fragments
from which the vigour has been sucked.

There is no weakness in the Cave of Gold
until the choice is so wrong
that the great plea of the music
only perplexes the desire
that seeks this and that in the recess

Carson a dh'fhàg e Dùis MhicLeòid
's a' mhil 's an spìosraidh air a bhilean
agus na seilleanan 'na chluasan,
an sùgradh 's am moladh 's an ceòl,
na geallaidhean binne 's na duaisean
is brìodal labhar an òil?

...

Cha robh a Dhall-san air an spiris
eadar a chridhe 's eanchainn
a' maistreadh Nàdair le loinid,
a' cur a' bhainne 'na fhuil
agus na blàthaich 'na h-eabar
air bruaich shleamhainn an t-sluic.

...

III

Dithis ann an Uamha 'n Òir
a' meòrachadh air a' bhàs
is beòil chuimir nan òg
gan cumadh airson ceudan pòg
ann an coilltean maotha 'n fhàis
thall 's a-bhos an Dùis MhicLeòid
ris a' Bhealltainn bhuidhe bhlàith.

...

V (criomagach)

Chan eil am bàs an Uamha 'n Òir
ri muir-làn no ri muir-tràigh
ach ris a' chonntraigh a thig
nuair tha an cridhe 'na dhà roinn
air neo 'na chriomagan gun bhrìgh
às na dheocadh an sgoinn.

Chan eil an laige 'n Uamha 'n Òir
gus am bi an roinn cho ceàrr
's nach eil tagradh mòr a' chiùil
ach 'na imcheist dhan mhiann
a dh'iarras siud is seo sa chùil

where there is not and there has not been seen
a treasure found to satisfy the hope.

A dog came from the Cave of Gold
without a hair on its rib-cage,
its share the hard lot of the poor
who are ruled and yoked
and who must reach the pits,
quagmire of the wretched and the poor.

Poem (by John Cornford)

Heart of the heartless world,
dear heart, the thought of you
is the pain at my side,
the shadow that chills my view.

The wind rises in the evening,
reminds that autumn's near.
I am afraid to lose you,
I am afraid of my fear.

On the last mile to Huesca,
the last fence for our pride,
think so kindly, dear, that I
sense you at my side.

And if bad luck should lay my strength
into the shallow grave,
remember all the good you can;
don't forget my love.

Screapadal

Screapadal in the morning
facing Applecross and the sun,
Screapadal that is so beautiful,
quite as beautiful as Hallaig.

far nach eil 's nach fhacas riamh
faodail a riaraicheas an dùil.

Thàinig cù à Uamha 'n Òir
gun ròine gaoisid air a chlèibh,
a chuibhreann-san càs nam bochd
air a bheil an smachd 's a' chuing
's dhan èiginn ruigheachd nan sloc,
sùil-chruthaich thruaghan is bhochd.

Dàn (le John Cornford, air a chur an Gàidhlig)

A chridhe 'n t-saoghail gun chridhe,
a ghaoil cridhe, 's e mo smuain
ortsa 'm pian ri mo thaobh,
faileas fuaraidh do mo shùil.

Tha ghaoth ag èirigh feasgar,
comharradh foghar a bhith faisg,
tha eagal ormsa do chall,
eagal orm rom fhiamh.

A' mhìle mu dheireadh gu Huesca,
an fheansa mu dheireadh ro ar n-uaill,
biodh do smuain coibhneil, a ghaoil,
gur saoileam nach eil thu bhuam.

'S ma leagas mì-shealbh mo neart
anns an uaigh staoin,
cuimhnich na 's urrainn dhut dhen mhath;
na dìochainich mo ghaol.

Sgreapadal

Sgreapadal anns a' mhadainn
ris a' Chomraich 's ris a' ghrèin,
Sgreapadal a tha cho bòidheach,
a cheart cho bòidheach ri Hallaig.

No words can be put on beauty,
no picture, music or poem made for it.

Screapadal in May
when the young bracken is
but half a foot in height,
hardly above the grass.

Screapadal the sheep-pen and the cattle-fold
with walls to the south and west and north,
and to the east the sea-sound
over to the Sanctuary of Maol Rubha.

There is a half-dead memory of Maol Rubha
but only the dead written names
of the children, men and women
whom Rainy put off the land
between the north end of the Rock
and the Castle built for MacSwan
or for Mac Gille Chaluim
for violence and refuge.

Green, red-rocked and yellow
knolls to the horizon of the Carn Mor
in the west above the brae
coming down to green meadows,
and the pine wood dark and green
north right to the Castle
and the light-grey rocks beyond it.

And to the south the end of Creag Mheircil
hundreds of feet above the grass,
towers, columns and steeples
with speckled light-grey bands,
limestone whiteness in the sun.

A steep brae with scree-cairns
to the east down from the end of the Rock

Cha chuirear briathran air bòidhche,
cha dèanar dealbh no ceòl no dàn dhi.

Sgreapadal anns a' Chèitean
nuair nach eil an fhraineach òg
ach mu leth-troigh a dh'àirde,
cha mhòr os cionn an fheòir.

Sgreapadal an crò 's a' bhuaile
le ballachan a deas 's an iar 's a tuath,
agus an ear an linne
a-null gu Comraich Ma Ruibhe.

Tha cuimhne leth-mharbh air Ma Ruibhe,
gun ach ainmean sgrìobhte marbh
air a' chloinn 's na fir 's na mnathan
a chuir Rèanaidh às an fhearann
eadar ceann a tuath na Creige
's an Caisteal a thogadh do MhacSuain
no do Mhac Ghille Chaluim
airson fòirneart agus dìon.

Uaine, ruadh-chreagach is buidhe
tulaich gu fàire a' Chùirn Mhòir
san àird an iar os cionn na bruthaich
a' teàrnadh gu lèanagan uaine,
's a' choille ghiuthais dorcha 's uaine
tuath gus an ruig i 'n Caisteal
's na creagan liath-ghlas air a chùl.

Agus mu dheas ceann Creag Mheircil
ceudan troigh os cionn an fheòir,
tùir is cuilbh is stìopaill
le bannan breaca liath-ghlas
'nan gile clach-aoil ris a' ghrèin.

Bruthach chas 'na càrnaich
an ear sìos o cheann na Creige

under birch, rowan and alder,
and the Church of Falsehood in high water
when the spring tide is at its height.

It was not its lies that betrayed the people
in the time of the great pietist,
Rainy, who cleared
fourteen townships
in the Island of the Big Men,
Great Raasay of the MacLeods.

Rainy left Screapadal without people,
with no houses or cattle, only sheep,
but he left Screapadal beautiful;
in his time he could do nothing else.

A seal would lift its head
and a basking-shark its sail,
but today in the sea-sound
a submarine lifts its turret
and its black sleek back
threatening the thing that would make
dross of wood, of meadows and of rocks,
that would leave Screapadal without beauty
just as it was left without people.

The Big House of Clachan and the debts
that it brought on Mac Gille Chaluim
heavy on the tenantry of each township;
and godly Rainy,
though he was not in such debt
as the social climbing put
with its burden on James Mac Gille Chaluim
and brought exile on his son,
with the largeness and the beauty
that they added to the Big House.

fo bheithe, caorann is feàrna;
's an Eaglais Bhrèige sa mhuir-làn
nuair tha an reothairt 'na buille.

Cha b' e a breugan-se a bhrath an sluagh
ri linn an diadhaire mhòir,
Rèanaidh, a thog an tuath
o cheithir bailtean deug
ann an Eilean nam Fear Mòra,
Ratharsair Mhòr nan Leòdach.

Dh'fhag Rèanaidh Sgreapadal gun daoine,
gun taighean, gun chrodh ach caoraich,
ach dh'fhàg e Sgreapadal bòidheach;
ra linn cha b' urrainn dha a chaochladh.

Thogadh ròn a cheann
agus cearban a sheòl,
ach an-diugh anns an linnidh
togaidh long-fo-thuinn a turraid
agus a druim dubh slìom
a' maoidheadh an nì a dhèanadh
smùr de choille, de lèanagan 's de chreagan,
a dh'fhàgadh Sgreapadal gun bhòidhche
mar a dh'fhàgadh e gun daoine.

Taigh Mòr a' Chlachain 's na fiachan
a thug e air Mac Ghille Chaluim
trom air tuath gach baile;
agus Rèanaidh diadhaidh,
ged nach robh esan anns na fiachan
leis na chuir an fhearas-mhòr
sac air Seumas Mac Ghille Chaluim
agus fògairt air a mhac,
aig a' mhiad is aig an loinn
a chuir iad ris an Taigh Mhòr.

A little remnant of its people
in the Island of the Big Men
and black turrets in the sound
between Screapadal and the Sanctuary
mocking the flagstone of Maol Rubha
and the Giant's Cave in Rona
with its little rows of stones,
seats of men and women and children
listening to Maighstir Ruairi
telling that here is no abiding city,
Rainy or no Rainy.

The sound is blue in the sun
and the skies naked
and the white bands of Creag Mheircil
glittering to the south
above the wood of birch and hazel,
rowan and alder,
and above the green braes
where the young bracken
and the young grass are a carpet
over to the side of the pine wood
that reaches Brochel Castle.

Laughter and weeping,
love, merriment and suffering,
anger, hatred and spite,
heroism, cowardice and heartbreak,
and times of gentle happiness
have left Screapadal
just as they left Brochel Castle
before they left the crofters of Screapadal
and of Fearns and Hallaig
and of every township
of the fourteen desolate
for Rainy's money
and Mackenzie's.

Fuidheall beag dhe dhaoine
ann an Eilean nam Fear Mòra
is turraidean dubha san linnidh
eadar Sgreapadal 's a' Chomraich
a' fanaid air leac Ma Ruibhe
's air Uamha 'n Fhuamhaire 'n Rònaigh
agus a sreathan beaga chlach,
suidheachain fhear is bhan is cloinne
ag èisteachd ri Maighstir Ruairi
ag innse nach eil an seo baile mhaireas,
Rèanaidh ann no Rèanaidh às.

Tha 'n linne gorm ris a' ghrèin
agus na speuran rùiste
is bannan geala Creag Mheircil
a' deàrrsadh anns an àird a deas
os cionn na coille beithe 's calltainn,
caorainn agus feàrna.
'S os cionn nam bruthaichean uaine
far a bheil an fhraineach òg
's am feur òg 'nam brat-làir
a-null gu taobh na coille giuthais
a tha ruigheachd Caisteal Bhròchaill.

Gàireachdaich agus còineadh,
gaol is mire 's fulangas,
fearg is fuath agus gamhlas,
treuntas, gealt is bristeadh-cridhe,
agus uairean de shonas caomh
air Sgreapadal fhàgail
mar a dh'fhàg iad Caisteal Bhròchaill
mun d' fhàg iad tuath Sgreapadail
's na Feàrnaibh agus Hallaig
agus gach baile
dhe na ceithir deug tha fàs
air sgàth airgead Rèanaidh
agus airgead MhicCoinnich.

There are other towers on the Sound
mocking the tower that fell
from the top of the Castle Rock,
towers worse than every tower
that violence raised in the world:
the periscopes and sleek black sides
of the ships of the death
that killed the thousands of Nagasaki,
the death of the great heat and the smoke,

the death that would bring utter devastation
even on the beauty
that grew in Screapadal
and is still there
in spite of Rainy's bad deed,
his greed and social pride.

But the submarines
and the aeroplanes
and the atom and neutron!
The slow sore poverty is not
their gift but the sudden holocaust
that will fall from the sky
and will rise from every brae
and will cling to every beautiful meadow
between the north end of the Rock
and the pine wood
between Screapadal and the Castle.

Greed and social pride
left Screapadal without people,
and the iron band of laws
that put a vice-like grip on the people,
threatening to raise above them
the black Carn-Mors of hunger
and the Meircil rocks of famine
on which grow the poisonous bracken
from which come the deadly rocket,
hydrogen and neutron bomb.

Tha tùir eile air an linnidh
a' fanaid air an tùr a thuit
dhe mullach Creag a' Chaisteil,
tùir as miosa na gach tùr
a thog ainneart air an t-saoghal:
pearasgopan 's sliosan slìoma
dubha luingeas a' bhàis
a mharbh mìltean Nagasaki,
bàs an teis mhòir 's na toite,

am bàs a dhèanadh an lèirchreach
eadhon air a' bhòidhche
a dh'fhàs ann an Sgreapadal
agus a tha ann fhathast
a dh'aindeoin gnìomh dona Rèanaidh,
a shannt is fhearas-mhòir.

Ach 's e luingeas-fo-thuinn
agus an luingeas adhair
agus an dadman is an neodron!
Chan e bhochdainn mhall chràiteach
an tiodhlac ach an lèirsgrios obann
a thuiteas às an iarmailt
's a dh'èireas às gach bruthaich
's a leanas ris gach lèanaig àlainn
eadar ceann a tuath na Creige
agus a' choille ghiuthais
eadar Sgreapadal 's an Caisteal.

'S e 'n sannt 's an fhearas-mhòr
a dh'fhàg Sgreapadal gun daoine
agus bann iarainn nan lagh
a chuir grèim-teanchrach air an t-sluagh,
a' bagairt togail os an cionn
Cùirn Mhòra dhubha 'n acrais
is Creagan Meircil na gorta
air am fàs an fhraineach phuinnsein
on cinn an rocaid mharbhteach,
bom idrigin is neodroin.

Spring 1937

On the long wide field
north-east of Portree,
up behind the village,
the big Home Farm shinty field,
the Portree School team:

Boys about sixteen and seventeen,
all well-made and full of vigour,
hardy and courageous,
from Skye, and Raasay, and one,
big, strong and gentle, from Lewis.

A day fifty years ago,
a calm sunny day,
without a thread of mist on the Cuillins
or on the skull of the Storr.

But today another mist
on the big Home Farm field,
mist of the days that have gone,
dim over the youth who have lost their youth,
and eight of the twelve dead.

They all lost their youth,
which was at first like another generation,
but before two years had ended
barbarous with the dangers of the war,
sickness, wounds and death,
which withered the flowers of the customary,
though the majority survived.

This year there is another band
quite as skilled in the School of Portree,
quite as hardy as the team
that stood on the Home Farm field,
before the fifty years surged
on that strong generation of the young.

An t-Earrach 1937

Air an raon fhada leathann
an ear-thuath air Port Rìgh,
shuas air cùl a' bhaile,
raon mòr iomain na Bòrlainn,
sgioba sgoilearan Phort Rìgh:

gillean mu shia-deug 's mu sheachd-deug,
iad uile dèante is sgairteil,
cruadalach agus tapaidh,
Sgitheanaich, Ratharsairich, agus fear dhiubh
Leòdhasach mòr socair laidir.

Latha o chionn leth-cheud bliadhna,
latha grianach ciùin,
gun snàithnean ceotha air a' Chuilithionn
no air claigeann an Stòir.

Ach an-diugh ceò eile
air raon mòr na Bòrlainn,
ceò nan lathaichean a dh'fhalbh
ciar thar na h-òigridh a chaill an òige
is ochdnar dhen dà-dheug marbh.

Chaill iad uile an òige
's i 'n toiseach mar linn eile,
ach an ceann dà bhliadhna
borb le cunnartan a' chogaidh,
le tinneas, leòintean agus bàs,
a shearg flùraichean na h-àbhaist
ged a thàrr a' mhòr-chuid às.

Am-bliadhna tha buidheann eile
a cheart cho gleusta 'n Sgoil Phort Rìgh,
a cheart cho calma ris an sgioba
a bha san t-strì air raon na Bòrlainn
mun do bhàrc an leth-cheud bliadhna
air an linn làidir ud de dh'òigridh.

Festubert 16/17.v.1915

Many a brave and strong young man
was undone on that field,
and many a man fell to earth
when we made a charge on Festubert.
                    Sgt Malcolm MacLean (4th Camerons)

Rattle of the little guns
and clangour of the big guns,
heavy doors being shut
with the blast and crash of tempest;
whizz and whine of the shells
about Festubert of the mud and bloodshed;

big heavy doors shutting
on many a brave strong young man.
Doors opening quietly
and shut as they were opened:
boy or girl, or two or three,
taken out of the schoolrooms,
having to go home
down by the Big Bridge,
to the middle of the town,
or south to Lots,
or north to Sluggans,
down to the Pier,
or down to Sligneach,
east to Stormyhill,
or over to Black Street:
to every house where sorrow was,
brothers or fathers dead:
thirteen on one day
in the little town of Portree,
thirteen men in Portree
and many another man
between Trotternish and Sleat,
between Duirinish and Strath,

Festubert 16/17.v.1915

'S ioma gille tapaidh treun
a chaidh o fheum san achadh ud,
is 's ioma fear a thuit gu làr
nuair rinn sinn "charge" air Festubert.
                Srt Calum MacGill-Eain (4mh Camshronaich)

Stararaich nan gunnachan beaga
is dairirich nan gunnachan mòra,
dorsan troma gan dùnadh
le sgailc is stàirnich na doininn;
sian is miolaran nan sligean
mu Fhestubert a' phuill 's na fala:

dorsan mòra troma dùnadh
air ioma òigear làidir treun.
Dorsan gam fosgladh gu sàmhach
agus gan dùnadh mar a dh'fhosgladh:
gille no nighean, no dithis no triùir,
gan toirt a-mach à rumannan sgoile
agus iad ri dhol dhachaigh,
sìos an Drochaid Mhòr,
gu meadhan a' bhaile,
no deas gu na h-Acraichean,
no tuath gu na Slugannan,
sìos chun a' Chidhe,
no sìos chun na Slignich,
an ear gu Cnoc na Gaoithe
no null an t-Sràid Dhubh.
Gu gach taigh san robh am bròn,
bràithrean no athraichean marbh:
trì-deug an aon latha
ann am baile beag Phort Rìgh,
trì fir dheug am Port Rìgh,
agus ioma fear eile
eadar Tròndairnis is Slèite,
eadar Diùrainis 's an Srath,

between Bracadale and Raasay,
between Minginish and Rona,
between Uist, Harris and Inverness.
Doors opened and closed
quietly in many a house,
and the children going home
to weeping or to silence.

Clangour of the big guns,
blast of heavy doors being shut
about other towns in France
and throughout Europe,
and doors opening quietly
to dwellings of the broken heart.

eadar Bràcadal is Ratharsair,
eadar Minginis is Rònaigh,
eadar Uibhist 's na Hearadh 's Inbhir Nis.
Dorsan gam fosgladh 's gan dùnadh
gu sàmhach ann an ioma taigh
agus a' chlann a' dol dhachaigh
gu còineadh no gu tost.

Dairirich nan gunnachan mòra,
sgailc dhorsan troma a' dùnadh
mu bhailtean eile san Fhraing
agus feadh na Roinn-Eòrpa,
is dorsan gam fosgladh gu sàmhach
gu fàrdaichean a' bhristeadh-chridhe.

Clàr-innsidh nan tiotal is nan sreath-tòiseachaidh

'A' Bheinn air Chall' 141

'A Chiall 's a Ghràidh' (*Dàin do Eimhir* II) 41

A chionn nach eil Dia ann 51

'A' Chorra-ghritheach' 3

A chridhe 'n t-saoghail gun chridhe 161

A Chuilithinn chreagaich an uabhais (*An Cuilithionn* Part II) 87

A dh'aindeoin ùpraid marbhaidh 45

A nighean a' chùil bhuidhe, throm-bhuidh, òr-bhuidh 43

'Abhainn Àrois' 23

'Aig Uaigh Yeats' 139

Air an raon fhada leathann 171

Air cruas nan creag (*Craobh nan Teud*, Part I) 19

Aithreachas an deaghaidh nam pòg 69

'Am Botal Briste' 133

Am faca Tu i, Iùdhaich mhòir 7

'Am Mac Stròidheil' 97

'An Cuilithionn' 85

'An Seann Òran' 23

An Sgurra Biorach sgùrr as àirde (*An Cuilithionn*, Earrann I) 85

'An tè dhan tug mi uile ghaol' 93

'An t-Earrach 1937' 171

'An Trom-laighe' 97

'Anns a' Phàirce Mhòir' 131

Anns na làithean dona seo 137

'Àrd-Mhusaeum na h-Èireann' 137

'Ban-Ghàidheal' 7

Bha dùil leam gun do chreid mi bhuatsa 45

Bha 'm bàt' agam fo sheòl 's a' Chlàrach 71

Bha uair ann a shaoil mi 135

Bu tu camhanaich air a' Chuilithionn 73

'Calbharaigh' 9

'Ceann Loch Aoineart' 9

Ceathrar ann dan tug mi luaidh 47

Cha b' urrainn dhòmhsa cumail fàire 49

Cha chuimhne leam do bhriathran 23

Cha do chuir de bhuaireadh riamh 43

Chaidh fear a-staigh a dh'Uamha 'n Òir (*Uamha 'n Òir*, Earrann I) 157

Chaidh mi sìos don bhail' ud shìos 93

Chaidh na samhlaidhean leis a' bhearradh 133

Chan e iadsan a bhàsaich 17

Chan eil am bàs an Uamha 'n Òir (*Uamha 'n Òir*, Earrann V) 159

Chan eil anns a' bhròn ach neoni 71

Chan eil fhios agamsa fhathast 97

Chan eil mise càirdeach idir 95

Chan eil mo shùil air Calbharaigh 9

Chan fhaca mi Lannes aig Ratasbon 103

Chan fhàg mi san aon uaigh iad 7

Chan fhaic mi fàth mo shaothrach 73

Choisich mi cuide ri mo thuigse 59

'Clann Ghill-Eain' 17

'Coilltean Ratharsair' 27

'Coin is Madaidhean-allaidh' (*Dàin do Eimhir* XXIX) 61

Còmhlan bheanntan, stòiteachd bheanntan 9

'Conchobhar' 7

'Cornford' 15

Cornford agus Julian Bell 15

'Craobh nan Teud' 19

'Creagan Beaga' 131

'Cùil Lodair 16.IV.1946' 111

'Cuimhne air Alasdair MacNeacail, Bràthair Mo Mhàthar' 125

'Cumha Chaluim Iain MhicGill-Eain' 143

'Curaidhean' 103

'Dà Dhòmhnallach' 123

'Dàn (le John Cornford, air a chur an Gàidhlig)' 161

Dh'fhàg sinn an corp anns a' Chlachan 127

Dithis ann an Uamha 'n Òir (*Uamha 'n Òir*, Earrann III) 159

'Dol an Iar' 99

Dom shùilean-sa bu tu Deirdre 47

'Eadh is Fèin is Sàr-Fhèin' 133

Fada, cian fada, fada air fàire (*An Cuilithionn*, Earrann VII) 89
Falach-fead aig a' ghealaich 131
'Festubert 16/17.v.1915' 173

Gallain a' ghiuthais 27
Gealach fhann bhuidhe air fàire 3
Ged as fada ceud bliadhna 111
'Glac a' Bhàis' 105
'Gleann Aoighre' 11

'Hallaig' 119

'Làrach Eaglais' 127
'Latha Foghair' 107
Lìonmhorachd anns na speuran 51

'Ma Thèid Mi Suas don Bhail' Ud Shuas' 93
Ma thubhairt ar cainnt gu bheil a' chiall 41
MhicGille-Mhìcheil, 's tric mi smaointinn 83
Mu chiad eas-ùmhlachd dhaoine agus meas 109
Mur b' e thusa bhiodh an Cuilithionn 67

'Na do ghaisgeach mòr làidir 123
'Na shuidhe marbh an 'Glaic a' Bhàis' 105
Nan robh sinn an Talasgar air an tràigh 65
'Nighean is Seann Òrain' 115
Nuair laigheas an ceann ruadh seo 111

Oidhche dhen dà bhliadhna 97

'Palach' 135
'Pàrras Caillte: an Argamaid' 109

'Reothairt' 99

'S ioma gille tapaidh treun 173
'S mi air an t-slios ud 107
'S mi coimhead a' Chuilithinn à Corcal 125
'S mi 'm Bhoilseabhach nach tug suim 63
'S tu th' ann a-rithist, àille bhuadhmhor 115
Sgatham le faobhar-rinn gach àilleachd 63
'Sgreapadal' 161
Sgreapadal anns a' mhadainn 161
'Solais' 111

Tha an saoghal fhathast àlainn 143
Tha aodann ga mo thathaich 75
Tha bheinn ag èirigh os cionn na coille 141
Tha eilean beag 'na mo chuimhne 11
Tha làrach eaglais san Ros Mhuileach 127
Tha leac mòr leathann na h-uaghach 139
Tha 'm botal briste 's an ràsar 133
Tha mi dol an iar san Fhàsaich 99
Tha mi dol tro Creagan Beaga 131
Tha mo chom a' seinn rid bhòidhche 23
Tha sinn còmhla, a ghaoil 69
Tha stoc na craoibhe o fhreumh an àmhghair (*Craobh nan Teud*,
    Earrann II) 19
Tha tìm, am fiadh, an coille Hallaig 119
Thar na sìorraidheachd, thar a sneachda 61
Thig am chomhair, oidhche chiùin 63
Thug mise dhut biothbhuantachd 57
'Tìodhlacadh sa Chlachan' 127
'Tràighean' (*Dàin do Eimhir* XLII) 65
'Trì Slighean' (*Dàin do Eimhir* XV) 49
Tric 's mi gabhail air Dùn Èideann 47

Uair is uair agus mi briste 99
'Uamha 'n Òir' 157
'Uilleam Ros is Mi Fhìn' 95
'Ùrnaigh' (*Dàin do Eimhir* XVIII) 51

Index of Titles and First Lines

A Bolshevik who never gave heed 62
A company of mountains, an upthrust of mountains 8
A face haunts me 74
'A Girl and Old Songs' 114
'A Highland Woman' 6
A man went into the Cave of Gold (*The Cave of Gold*, Part I) 156
'A Memory of Alexander Nicolson, One of My Uncles' 124
A pale yellow moon on the skyline 2
'A Ruined Church' 126
Across eternity, across its snows 60
Again and again when I am broken 98
'An Autumn Day' 106
'Aros Burn' 22
'At Yeats's Grave' 138

But for you the Cuillin would be 66

'Calvary' 8
Carmichael, I often think 82
Come before me, gentle night 62
'Conchobhar' 6
'Cornford' 14
Cornford and Julian Bell 14
'Creagan Beaga' 130
'Culloden 16.iv.1946' 110

Death is not in the Cave of Gold (*The Cave of Gold*, Part V) 158
'Death Valley' 104
'Dogs and Wolves' (*Poems to Eimhir* XXIX) 60

'Elegy for Calum I. MacLean' 142

Far, far distant, far on a horizon (*The Cuillin*, Part VII) 88
'Festubert 16/ 17.v.1915' 172
Four there are to whom I gave love 46
'Funeral in Clachan' 126

Girl of the yellow, heavy-yellow, gold-yellow hair 42
'Glen Eyre' 10
'Going Westwards' 98
Grief is only a nothing 70

'Hallaig' 118
Hast Thou seen her, great Jew 6
Heart of the heartless world 160
'Heroes' 102

I am going through Creagan Beaga 130
I am not at all related 94
I could not keep within sight 48
I did not see Lannes at Ratisbon 102
I do not remember your words 22
I do not see the sense of my toil 72
I do not yet know 96
I gave you immortality 56
I go westwards in the Desert 98
I walked with my reason 58
I went down to yonder town 92
I will not leave them in the same grave 6
'Id, Ego and Super-Ego' 132
'If I Go Up to Yonder Town' 92
If our language has said that reason 40
If we were in Talisker on the shore 64
In spite of the uproar of slaughter 44
'In the Big Park' 130
In these evil days 136
I thought that I believed from you 44
It is you again, overcoming beauty 114

'Kinloch Ainort' 8

Let me lop off with sharp blade every grace 62
'Lights' 110
Looking at the Cuillin from Corcul 124

Many a brave and strong young man 172
Multitude of the skies 50
My boat was under sail and the Clàrach 70
My body is singing for your beauty 22
My eye is not on Calvary 8

Never has such turmoil 42
Not they who died 16

Of man's first disobedience, and the fruit 108
Often when I called Edinburgh 46
On that slope 106
On the hardness of rocks (*The Tree of Strings*, Part I) 18
On the long wide field 170
One night of the two years 96

'Palach' 134
'Paradise Lost: the Argument' 108
'Poem (by John Cornford)' 160
'Prayer' (*Poems to Eimhir* XVIII) 50
'Reason and Love' (*Poems to Eimhir* II) 40

Remorse after the kisses 68
Rocky terrible Cuillin (*The Cuillin*, Part II) 86

'Screapadal' 160
Screapadal in the morning 160
She to whom I gave all love 92
'Shores' (*Poems to Eimhir* XLII) 64
Since there is no God 50
Sitting dead in 'Death Valley' 104
'Spring 1937' 170
'Springtide' 98
Straight trunks of the pine 26

The big broad flagstone of the grave 138
'The Broken Bottle' 132
The broken bottle and the razor 132
'The Cave of Gold' 156
'The Clan MacLean' 16
'The Cuillin' 84
'The Heron' 2
'The Lost Mountain' 140
The moon plays hide-and-seek 130
The mountain rises above the wood 140
'The National Museum of Ireland' 136
'The Nightmare' 96
'The Old Song' 22
'The Prodigal Son' 96
The Sgurr Biorach the highest sgurr (*The Cuillin*, Part I) 84
The symbols went over the escarpment 132
'The Tree of Strings' 18
The Tree's stock is from the root of anguish (*The Tree of Strings*,
    Part II) 18
'The Woods of Raasay' 26
The world is still beautiful 142
There is a little island in my memory 10
There is a ruin of a church in the Ross of Mull 126
There was a time I thought 134
'Three Paths' (*Poems to Eimhir* XV) 48
Time, the deer, is in the wood of Hallaig 118
To my eyes you were Deirdre 46
'Two MacDonalds' 122
Two men in the Cave of Gold (*The Cave of Gold*, Part III) 158

We are together, dear 68
We left the corpse in Clachan 126
When this auburn head lies 110
'William Ross and I' 94

You big strong warrior 132
You were dawn on the Cuillin 72